Tucholsky Wagner Zola Scott Sydow Freud Schlegel
Turgenev Wallace Fonatne

Twain Walther von der Vogelweide Fouqué Friedrich II. von Preußen
Weber Freiligrath Frey
Fechner Fichte Weiße Rose von Fallersleben Kant Ernst Richthofen Frommel
Hölderlin
Fehrs Engels Fielding Eichendorff Tacitus Dumas
Faber Flaubert
Eliasberg Ebner Eschenbach
Feuerbach Maximilian I. von Habsburg Fock Eliot Zweig
Ewald Vergil
Goethe Elisabeth von Österreich London
Mendelssohn Balzac Shakespeare
Lichtenberg Rathenau Dostojewski Ganghofer
Trackl Stevenson Doyle Gjellerup
Mommsen Tolstoi Hambruch
Thoma Lenz Hanrieder Droste-Hülshoff
Dach Verne von Arnim Hägele Hauff Humboldt
Reuter
Karrillon Garschin Rousseau Hagen Hauptmann Gautier
Damaschke Defoe Hebbel Baudelaire
Descartes
Wolfram von Eschenbach Dickens Schopenhauer Hegel Kussmaul Herder
Bronner Darwin Melville Grimm Jerome Rilke George
Campe Horváth Aristoteles Bebel Proust
Bismarck Vigny Gengenbach Barlach Voltaire Federer Herodot
Heine
Storm Casanova Tersteegen Gilm Grillparzer Georgy
Chamberlain Lessing Langbein Gryphius
Brentano Lafontaine
Strachwitz Claudius Schiller Kralik Iffland Sokrates
Katharina II. von Rußland Bellamy Schilling
Gerstäcker Raabe Gibbon Tschechow
Löns Hesse Hoffmann Gogol Wilde Vulpius
Luther Heym Hofmannsthal Morgenstern Gleim
Roth Heyse Klopstock Klee Hölty Goedicke
Luxemburg Puschkin Homer Kleist
Machiavelli La Roche Horaz Mörike Musil
Navarra Aurel Musset Kierkegaard Kraft Kraus
Nestroy Marie de France Lamprecht Kind Kirchhoff Hugo Moltke
Nietzsche Nansen Laotse Ipsen Liebknecht
Marx Lassalle Gorki Klett Ringelnatz
von Ossietzky May vom Stein Lawrence Leibniz Irving
Petalozzi Platon Knigge
Sachs Poe Pückler Michelangelo Kock Kafka
de Sade Praetorius Mistral Liebermann Korolenko
Zetkin

Essays zu Kunst und Literatur

Arthur Holitscher

Impressum

Autor: Arthur Holitscher
Umschlagkonzept: toepferschumann, Berlin

Verlag: tredition GmbH, Hamburg
ISBN: 978-3-8495-3043-3
Printed in Germany

Vor einem Bild des Bauern-Brueghel

Darf man in einem Kunstwerk Rechenschaft fordern für Unbill, die das Leben einem angetan hat? Wenn ein Buch das Leben, das man gelebt hat, behandelt, darf man dies wohl. Ja, man darf sich nicht gut darum herumdrücken. Es ist keine Rache, die man nimmt, wenn man die Wahrheit berichtet. Der Gesichtswinkel aber, unter dem man die Ergebnisse eines Lebens betrachtet, mag Schärfe und Intensität der Darstellung bedingen. Ist Leben Kampf, so habe ich keine andere Waffe, um in ihm zu bestehen, als meine Feder, mit der ich Wort an Wort reihe.

Die Anderen haben ihre Waffe. Ihr Geld. Ihre Zunge. Die Verbindung mit ihresgleichen, die Freimaurerei ihrer Gesinnungsgemeinschaft, Interessengemeinschaft, ihrer Gemeinheit. Die Dummheit, die große menschliche Dummheit, die sie, statt ihr durch eigene Klugheit und Weltgewandtheit abzuhelfen, schlau ausnützen, um sich Macht zu verschaffen.

Meine Feder ist im Feuer gesäubert. Ich brauche sie mit reinem Gewissen. »Mein ist die Rache, spricht der Herr«?? Jawohl, der Herr der Rache ist auch der meine. Kein »lieber Gott«. Wie oft hörte ich das Wort »mein ist die Rache«, wie oft hörte ich es vorwurfsvoll aus dem Munde von Schurken. Dem christlichen Menschen, der es gebraucht, zu seinem Schutz anführt, erwidere ich: bist du, lebst, fühlst, handelst du nach Christenart, Christengebot, so hast du nichts begangen, wovor du zittern mußt. Bist du ein Christ, bin ich es auch. Laß mich deine Stirn küssen, küsse mich auf Stirn und Wange. Bist du aber in deinem Handeln, Fühlen, deiner Tat das Gegenteil eines Christen gewesen, so werde ich dir beweisen, daß du es mit einem Bolschewik zu tun gehabt hast.

Nun wollen wir weiterreden. –

Der Plan zum Buch meines Lebens kam mir an einem Vormittag im Wiener Kunsthistorischen Museum vor einem Brueghel-Bild, das den Kampf der Fasten mit dem Fasching darstellt. Man blickt da irgendwoher von oben, aus einem Turmfenster etwa, auf den Markt hinunter, auf einen Platz zwischen Dom und Wirtshaus, auf dem sich eine närrische Menge in Bauerntracht und Mummenschanz tummelt. Da gibt es Masken von Königen und Ratsherren, Mönchen und Philosophen zu sehen. Die Fettwänste, die Krüppel und die Bettler haben es leichter, ihren Stand und Wesen erraten zu lassen. Die sind in ihrer Alltagstracht aufmarschiert. Über das ganze Bild sind Gruppen verstreut, voll Eifer und tiefem Ernst mit irgendeinem närrischen Tun beschäftigt. Auch sieht man zwischen den Gruppen hier und dort eine einschichtige Figur dahinwandeln oder irren, von einer Gruppe zur anderen, sich das Treiben jeder einzelnen ansehend, dann weitergehend, ohne in einer Fuß zu fassen.

Mir schiens, als blicke ich in dieses Bild selber wie auf mein irdisches Leben nieder, als erkenne ich mich selber inmitten einer oder der anderen Gruppe – oder unter dem Narrengewand eines oder des anderen Herumirrenden, als könnte ich wie der Bauern-Brueghel behaglich und sicher von so hohem Standort aus das Treiben unten auf dem Bild meines Menschenlebens schildern.

Das war gar kein schlechter Vergleich. Und es war auch kein schlechtes Buch, das ich damals geschrieben habe. Nur ... der Turm eben hielt nicht stand, und das war der fundamentale Fehler des Buches. Darum ist das Buch unter den Trümmern des Turmes begraben und ist verbrannt in der Explosion des Fundamentes. Ein Gutes aber war dabei: das Feuer hat manches Weiche, Unausgesprochene, Halbzuendegedachte und -gefühlte aus mir weggebrannt, und daraufhin hat es sich verlohnt, Welt und Leben noch einmal anzuschauen. Es geschieht in dieser zweiten Niederschrift, die ich aufs Papier setze, weil ich noch die volle Kraft des Auges besitze und auch die Festigkeit der Hand, die nachzuzeichnen versteht, was das Auge getreu wahrgenommen, das Herz erfaßt, der Verstand verarbeitet hat.

Und das ist nicht wenig.

Meine Welt ist nicht klein. Mein Leben war nicht arm. Ich habe es auch, besonders in seiner zweiten Hälfte, von der dieses Buch handelt, nicht blindlings in den Tag hinein gelebt, sondern es hat einen Sinn gehabt. Denn ich habe Freude nicht erlebt, um mich über die Traurigen zu erheben, und das Leid, das über mich ausgeschüttet worden ist, hat meine Seele nicht verhärtet gegen die Frohen. Alles hat sich in Gefühl und Willen verwandelt, und wenn ich sage: mein

Leben ist reich geworden durch Niederdrückendes so gut wie durch Erhebendes, so ist das kein Geflunker, und nicht dies mein letztes Buch allein führt den Beweis! Der Turm meiner eigenen gefestigten Welt ist in die Luft geflogen. Aber ist etwa dem Markt nicht dasselbe passiert? dieser Trümmerstätte einer zerschlagenen und vernichteten Zeit der Lebenden, in deren Mitte das Individuum heutigen Tages steht, Tränen und Blut schwitzend, bis ins Mark verbrannt, brüllend um sich schlagend??

Die Katastrophe des Weltkrieges hat die politischen und ökonomischen Grundfesten der Gesellschaft zertrümmert und die Trümmer durcheinandergeworfen, die moralischen vernichtet. Die westliche Menschheit insbesondere hat aus dem Weltkriege keine neue Erkenntnis geschöpft, sie hat nichts gelernt. Ökonomisch und politisch wirkt die Katastrophe nach – die Moral hat vergessen, daß es jemals Krieg gegeben hat.

Das Reine, Hohe lebt in wenigen. Wo es sich regt, aufzuraffen sucht, sinkt es bald aufs neue, verleumdet, verhöhnt und bespien zu Boden nieder. Ehrfurcht und Schrecken gebietend steht allein, unverändert seit je, erzbewährt und triumphierend das Böse, die Niedertracht, die große, augenscheinlich unbesiegliche Dummheit aufrecht vor dem Gewissen der Welt. Der Instinkt, der unverwüstliche Trieb der Bestie, der die Art augenscheinlich nicht anders zu erhalten weiß als durch schonungslose Vernichtung der Mitbestien, triumphiert über den Gedanken, wo er sein Haupt erhebt, nach Geltung ringt.

Seht, wie sie brüderlich beisammenstehen, wenn es gilt, Menschenliebe, Hilfsbereitschaft, Zukunftswillen zu besudeln, unterzukriegen, zu zerstampfen. Den Untergang des Reinen, Hohen, der Wahrheit rasend zu feiern, zu bejubeln!

Die Arbeit zur Fron erniedrigt. Eigennutz, Knechtsinn, wohin man blickt. Der typische Nutznießer, Verräter der Leistungen des Nächsten, des Gedankens, den der Nächste gedacht hat, der Mörder des Traumes, den der Nächste träumt. Vampire und Parasiten der zusammenbrechenden armseligen, von ihren Führern ewig genasführten Sklavenhorde, die um einen Stundenlohn das Erträgnis ihres Lebenstages verschachert – höchstens, daß sie in ein ersehntes Übermorgen hinaufäugt, wo ihre Führer bereits heimatberechtigt geworden sind, in das gepriesene Reich des Bürgers, in das die verelendete, längst unter die Untersten hinuntergesunkene Mittelschicht des Volkes sich, wie in das letzte unveräußerliche Gut ihres Standes, verzweifelt mit Zähnen und Krallen verbissen hat.

Es wird hier ein Wort geredet werden über die Geistigen im Volke. Die Träumer der hohen Träume, die Kämpfer für die hohen Ziele der Menschengemeinschaft! Sofern diese nicht als Bettler vor den Türen ihrer Verächter stehen, froh, wenn durch den vorsichtig geöffneten Spalt ein Knochen von der Tafel zu ihnen hinausfliegt, sind sie Verbündete ihrer Henker geworden, der Nutznießer ihres Verrates, lauern sie frech und triumphierend darauf, sich zum Feind zu schlagen, wenn der erst aufgehört haben wird, vor dem Sieg der Idee zu zittern, für die zu kämpfen sie in die Welt gesandt worden sind.

Ich schreibe dieses Buch fast wie ein Toter. Wie einer, der von dem äußeren Leben nichts mehr erwartet und dem, was er erlebt, nurmehr Material ist für seine Arbeit.

Viele, die in diesem Buche vorkommen, sind, während ich es schrieb, gestorben. Viele, die ich für meine Freunde hielt, sind unter meine Feinde gegangen, für mich so gut wie tot. Dies erleichtert meine Arbeit wesentlich. Aber, wenn ich von außen auch nichts mehr erwarte – um so mehr liebe ich meine Arbeit. Nichts weiter erwarte ich von meinem Leben als dies eine, wahr sein zu dürfen bei der Verrichtung und Erfüllung meiner Arbeit. Wahr zu sein gegen mich selbst und treu zu bleiben der großen, der einzigen Pflicht, bis das Licht anbricht.

Es wird sich, jawohl, bei dieser Arbeit als notwendig erweisen, daß ein paar menschenähnliche Gestalten auseinandergenommen, aufgetrennt werden, so daß die Sägespäne aus ihnen herausfallen und man, im Hintergrund, hinter diesen Figuren des Lebens das wahrnimmt, was aufzuzeichnen Zweck und Ziel dieses Buches ist, um dessentwillen ich dieses Buch schreibe, nämlich: die Zusammenhänge, das Gewebe der heutigen Gesellschaft.

Bin ich gut? Nein, ich bin es nicht. Müßte ich es sein, um das Recht in Anspruch zu nehmen, daß ich ein Buch schreibe wie dieses? Ich stehe nicht an, Gott anzuklagen darum, daß er den Guten, d. h. den Heiligen unter den Menschen mit Schwäche geschlagen hat, dergestalt, daß dieser zum Untergang im Fleisch vorbestimmt und verurteilt war von Anbeginn. Den Bösen, den Henker, die Bestie mit Säbel, goldklimpernden Hosentaschen, schielendem Blick, den Verräter, der das Maul hält, wenn er schreien, schreit, wenn er verstummen sollte – den hat der Herr mit Stärke gerüstet, er besteht. Warum muß der Gute Opfer seiner eigenen Schwäche werden, sie seinem Verderber offenbaren, vermeinend, dieser sei im Grunde gut und mild wie er selber? Warum?

In der kurzen Zeit, als der Krieg schwelend zu Ende zuckte und verlosch, die große Revolution zugleich flammend aufging im Osten, da glaubte mancher: nun sei die Bestie ersoffen in dem Blut der Millionen Unschuldigen, der Armen, der Toren, der Dummen, der Verratenen und Mißbrauchten der Welt – nun steige das Nordlicht der Vernunft empor. Irrtum. Irrtum. Sieh, wie das Gute, die Reinheit, wie der Heilige weiter gekreuzigt wird, um seiner Liebe, seiner Gerechtigkeit willen, zur Strafe für sein überströmendes Gefühl zur leidenden Kreatur, dem hilflos untergehenden Mitmenschen, den ewig verratenen Massen.

Wahrheit dessen, der *glaubt*. Den die Erfahrung nicht abtötet. Der fortfährt, zu kämpfen gegen Erbarmungslose.

Wahrheit gegen sich selbst, den Feind im eigenen Blut, den Verräter an dem eigenen Gefühl, den Verneiner des Willens zum Hohen, der im eigenen trägen Herzen sitzt und Verzicht brütet.

Wahr sein – letzte Freude von allen! Nach dem Untergang der Hoffnung letzte Freude, Liebe und Haß in einem. Lust an der Arbeit, magnetische Atmosphäre des lebendigen Gewissens. Trieb! Alles sagen, was das Herz, die Sinne, Nerven, was die okkulten Organe des Bewußtseins zu erfassen, wahrzunehmen vermögen; nichts verschweigen, was sich im Laufe eines Menschenlebens in den Gebieten zugetragen hat, in denen der Verstand, das Gefühl, die Ganglien, die Substanz des irdischen Körpers sich zurechtzufinden vermögen. Alles aussagen, was hilft, dem Menschen hilft, diese Mitwelt, dieses Gebilde, das sich menschliche Gesellschaft nennt, dieses irdische Dasein zu erkennen, vielleicht zu ertragen. Nichts verschweigen als das, was Gott der Herr selbst dem Menschen verschwiegen hat. Was Gott abzuringen Aufgabe der Wissenschaft, der Religion, Lebensziel des Wahrheitssuchers auf Erden ist. Dessen, der sich unterfängt, eine Zugehörigkeit zum Menschengeschlecht tätig zu erweisen, zu bestätigen: durch Arbeit; im Kampf; wenn es sein muß – und an einem bestimmten Wendepunkt des Lebens muß es sein! – im Kampf gegen Alle, trotz Allen, trotz Vereinsamung, Armut, Härte, Unverstand und Tod – immer, immer für die Gemeinschaft.

Maßstab des Weltgeschehens ist das eigene Schicksal. Dem Menschen ist *keine* andere Möglichkeit gegeben, das Weltall und seine geheimnisvolle Struktur zu erkennen, als: das eigene Leben, das ein Teil dieses Weltalls ist, den eigenen Lebenstrieb zu belauschen. Keine andere Parallele gibt es für das Leben des Weltalls als das eigene kleine, individuelle, zeitlich begrenzte Dasein. Dies zur Apologie dessen, der seine eigene Lebensgeschichte niederschreibt.

Die ewigen Gesetze spiegeln sich im Leben eines Menschen so sinnreich wider wie die Zeit, in der dieses Leben sich abrollt. Nein, es gibt keine gültigere Methode, die Gesetze, die das All regieren, den Einfluß, den die besondere Konstellation der erlebten Gegenwart auf den Ablauf der Gesetze ausübt, zu erfassen, als aufmerksamstes, bewußtestes Erleben des eigenen Lebens. Erkenntnis ohne Schmerz ist keine.

Es gibt für den bewußt lebenden Menschen aber nichts Schmerzhafteres, als *wach* zu sein. Die meisten Menschen werden es nie. Weckt ein Ereignis sie auf, so greinen sie wie Kinder, deren Schlaf man unterbricht. Und nun soll gar ein Leben so gelebt werden, daß, der es erlebt, stets wach sei, es wahrhaftig *lebe*! Wie muß der Wache sein Dasein hassen. Kann er es überhaupt ertragen, wenn er sich nicht widerstandslos durch die Instinkte von einem Tag zum andern, aus einer Nacht in die andere hinübertragen, entlangschaukeln läßt, wie über die Welle eines breiten Stromes – ohne Schiffbruch und Untergang zu erleiden?

Wer sein Leben niederschreibt, die Welt zu erkennen trachtet durch sein eigenes Leben, der befindet sich an dem anderen Pol. Fortgesetztes, aufmerksames Bewußtsein und Bewußtwerden; absolute Klarheit; Aufgabe: sich fest fühlen, den Strom an beiden Seiten an sich vorbeischäumen fühlen, wenn möglich ohne Wanken dastehen, standhaft sein, sich nicht fortschwemmen lassen vom um die Füße emporgischtenden Gewässer. Standhaft sein ohne Selbstbetrug, darauf kommt es an.

Dieser Zustand kann natürlich kein endgültiger sein. Für die Zeit, da man, sein Leben betrachtend, es beschreiben will, muß er aber unbedingt erkämpft werden, erreicht sein. Nachher wird sich der sich selbst Betrachtende wahrscheinlich dem Gesetz der Wandlung weiter fügen müssen. Aber diese Stabilität, dieser Zustand der Festigkeit und Ruhe ist notwendig. Ohne ihn erlangt zu haben, kannst du das Werk der Identifikation: Ich – Welt nicht vollbringen. Du mußt den Zweifel in dir niederkämpfen, den Zweifel an dir, an deinem eigenen Schicksal.

Haß und Bewunderung, alle extremen Gefühle, müssen auf die Formel des Fundamentalsatzes gebracht werden, in dem sie aufgehen wie in einem glücklichen Gleichnis, Erkennen der Natur, des Gesetzes selbst, ohne ihr Wesen zu fälschen, zu steigern, zu reduzieren. Schließlich weicht der Begriff Recht und Unrecht, Schuld und Strafe, die Grenze stürzt, und das Vergängliche löst sich aus dem Bereich des Gleichnisses und wird in die Sphäre der Wirklichkeit erhoben, d. h.: des *Werkes*.

Charles Baudelaire

Ame curieuse qui souffres
Et vas cherchant ton paradis,
Plains-moi! ... sinon, je te maudis!

Paris war seine Heimat, seine Heimat ist nicht zwischen Seine,
Marne, Loire; die Zeit seines Lebens war erfüllt von den kleinen
Katastrophen der Restauration, des Bürgerkönigtums, Zweiten
Kaiserreichs, diese Zeit ist seiner Seele Heimat nicht. Zeitlos, hei-
matlos sind ja auch sie, die unbegreiflich Großen, die ihres Lebens
Spanne durchschreiten mit Schritten, welche den Takt während der
Ewigkeiten vor ihrer Geburt erworben zu haben scheinen, den Takt
um keine Schwingung geändert haben, wenn sie, ihren Tod hinter
sich lassend, neuen Ewigkeiten zuschreiten. Aber manches große
Leben ist wie von einer ungeheuren, feindseligen Faust tief in den
widerstrebenden Boden einer Nation, eines Zeitalters hineingetrie-
ben, und nach Jahrzehnten, Jahrhunderten, wenn der Boden längst
verebbt und das Fundament dieses Lebens sichtbar geworden ist,
hält es noch schwer, in ihm lediglich den Fremdkörper zu erkennen,
der es doch war, so viele feine Fasern, Wurzeln ähnlich, blieben an
ihm haften. Man darf sagen: dieser Leben Heimat war so recht eigentlich der Schmerz, und ein Schleier von tiefem menschlichem
Mitgefühl wird vor dem Auge stehn, das jene Leben aus der Ferne
betrachtet.

Hugo, Balzac, Flaubert: es sind die Souveräne, unter denen Baudelaire gelebt hat; in ihrer Mitte mag sein Vaterland gezeichnet sein.
Ihnen diente wohl die Welt, in der sie standen, keinem höheren
Zwecke, als das mitgeborene Wissen um ewige Dinge an ihr zu
kontrollieren. Breit und wuchtig fällt ihr Schatten vom Horizont
noch in unsere Tage herein. Zwischen ihnen, die da ragen aufrecht
und übergroß wie mächtige Granite – Hugo, den Seherblick über
sein erbebendes Volk hinweg auf Wolkenzüge gerichtet, – Balzac,
den stahlscharfen Blick, dem Irdischen grimmiger zugewandt,
durch das Gewimmel der Zusammenhänge ins innerste Räderwerk
der Grundleidenschaften versenkt, – Flaubert, den verschlossenen
Blick, damit an dem Spiel der heimlichsten Reflexbewegungen
Drang und Bedrängnis sich enthülle, grausam nach innen gekehrt –

13

zwischen ihnen erscheint uns Baudelaire in der Gestalt des »sinnenden Mannes« von Rodin, menschenähnlicher, wiewohl aus einem Felsen losgerissen, nackt und in Krämpfen, die noch die Materie durchschüttern, den ganzen Leib vom schmerzhaften Aufruhr einer unverständlichen Verdammnis verkrümmt. Rings um ihn brausen die offenkundigen Gewalten, die die Welt erfüllen, ihren Lauf lenkend, sie sind zu einer fast greifbaren Gegenwärtigkeit geweckt durch jene großen Beschwörer, in Rhythmen gegossen, Sentenzen gepreßt, Rede und Gegenrede gezwungen, die Ewigkeit selbst scheint sie eingegeben zu haben, so überkräftig schwellen sie den Rahmen der Sprache – allein er horcht vor sich hin. Die Stimmen, die in ihm erklingen, spärlicher hineindringen von außen, einander zu verwegen schönen Akkorden ergänzen, in Dissonanzen zusammenschlagen, deren Weh schöner noch ist, die Stimmen, auf die er horcht, haben mit jenem Brausen um ihn nichts gemein. Unter ihnen vibriert heimlich und fremd ein Ton, es erfüllt ihn mit Schrecken, denn er erkennt sein tödliches Schicksal in dem Ton, mit Jubel, denn es ist der eigene Ton, den er erkannt hat. In Jahren, in denen das junge Herz und Hirn vor die harte, nicht selten zermalmende Notwendigkeit gestellt ist: sich zurechtzufinden in den verworrenen Wegen der äußeren Schicksale, die frohe Unbotmäßigkeit sich zu wahren gegenüber den mitlebenden geistigen Herrschern – in diesen Jahren erschließt sich ihm die Erkenntnis einer weit bitteren Aufgabe: sich zurechtzufinden in der eignen absonderlichen Natur. Sie ist keine von den siegreichen; unterliegen ward ihr Teil, ihre Eigenart; sie kann sich nur behaupten, indem sie unterliegt. Wohl fällt Hugos All in ihr Bereich, wie Balzacs mächtige diesseitige Welt. Aber beide sind für sie nur die gleiche Quelle des Leidens; denn mit der steten, rätselvollen Angst behaftet, auf den Pfaden der Höhe den Erdboden nicht unter den Füßen zu verlieren, auf den Pfaden der Tiefe den Sinn frei und hoch zu bewahren, fühlt sie sich auf keinem heimisch, vergeht in Sehnsucht, stirbt an Zwiespältigkeit; zudem ist ihr die verhängnisvolle Gabe der Analyse mitgegeben, und während sie Flauberts blinkende Waffe nervig und unerbittlich gegen sich selbst handhabt, legt sie vor ihrem Gewissen die Eigenschaften bloß, die sie von allem Glück, von Ruhe, Schönheit, Harmonie scheiden. Eine Welt gilts zu entbinden, der das Siegel des Duldens, der fruchtlosen Auflehnung aufgepreßt ist, es gilt, sie den Welten rings, die der Triumph über das Leben zu Tage förderte, zur

Seite zu stellen. In dieser Anstrengung eines kranken Titanen werden sich die Nerven, Muskeln des Genius anspannen bis zum Zerreißen; das irdische Herz wird sich vor der Helle der Gefühle, die sich bis zur Intensität von Gesichten sublimieren, zusammenkrampfen, wie ein Auge schließen, in die künstlichen Grotten des Vergessens, tiefster Nacht flüchten – um nach teuer erkaufter Rast, in übermenschlichem Aufraffen wieder emporzufahren in die mörderische Gegenwart.

Es läßt sich ausdenken, zu welcher unverhältnismäßigen Bedeutung die äußeren Verhältnisse dem Menschen erwachsen können, müssen, der ein Schicksal so voll einsamer Tragik auszukämpfen haben wird. Und was kommt dem Schmerz gleich, der darin liegt: Schöpfer einer fremden, befremdlichen Welt sein zu müssen in einer Gegenwart, die den notwendigsten äußeren Bedingungen einer gesteigerten Existenz ihr höhnisches Nein entgegenstellt? Die Geschichte der Literatur ist ja eine lange Reihe von Exempeln, wie die Menschen jene zu foltern wußten, die sich selbst gefoltert haben, doch gingen wohl selten die Entwicklungslinien eines Zeitlaufs und der Besten, deren Dasein sich in ihm abspielte, so scharf auseinander wie zu Baudelaires Lebzeiten. Noch bedeutete der Name Napoleons mehr als eine Legende bloß, auf den Straßen, in den Gärten von Paris konnte man zerschossene Krüppel mit irrer Liebe von dem Manne reden hören, für dessen Ehrgeiz die Brüder und Kameraden ihr Leben lassen durften – aber es war, als seien in jenem kaum erloschenen Brande alle edlen Säfte der Nation verraucht.

In den Geschichtsbüchern jener Epoche steht zu lesen, daß eine schale, furchtsame und vernünftlerische Reaktion das öffentliche Leben jeder Größe entkleidete, daß der überstürzte Wechsel der Regime doch nur Namen zu Tage förderte, die alsbald Synonyme für Freiheit, Beschränktheit, niedre Kriecherei wurden. In diesem Frankreich, in dem stets nur der Adel und der Pöbel sich wahrhaft erhaben gezeigt, hatte die wirtschaftliche Erschütterung der Revolution einen Kleinbürgerstand jählings hochgebracht, dessen langunterdrückte Herrschsucht, Geldgier, trübe Instinkte mit explosiver Kraft, einer Flut von Gold und Kot alles überschwemmten.

Hierro! Eisen – die Parole, die Hugo seinen Leuten in die »Ernani«-Schlacht mitgab, blieb für die junge Romantische Schule die

Losung, sich von der herrschenden Klasse (der sie zum größeren Teil entstammte) abzuwenden, zusammenzuschließen. Das Schlagwort »Fortschritt«, das im politischen, gesellschaftlichen, wirtschaftlichen Leben allmählich identisch wurde mit Industrialismus, brutaler Nivellierung, Unterdrückung der Gegensätze mit Ausnahme jener des Besitzes, dieses Wort wurde den Künstlern ein Antrieb zur freiesten, ja ungezügelten Betonung, Unterstreichung des Andersgeartetseins. Die Menschenalter, die darüber vergangen sind, haben diese Divergenz, scheints, immer schärfer herausgearbeitet. Einer Dichtergeneration, die von den Romantikern herkommt, wurde der Name des Verfalls, der Dekadenz angeheftet, nicht etwa, weil sie gleich den ähnlich gekennzeichneten Schriftstellern der antiken Literaturen getreuer Spiegel ihrer hochentwickelten Zeit war, sondern offenbar: weil sie durch ihre Werke ihre tiefwurzelnde persönliche Kultur in schroffen Gegensatz stellte zur prahlerischen Civilisation ihrer eigentlich der Barbarei näherstehenden Zeit. Ihre Sonderstellung ist vielleicht nicht mehr allein durch ihr Anderssein bedingt, sondern durch eine der Notwehr entsprungene Erhitzung, Übertreibung dieses Andersseins, ein dem Selbsterhaltungstrieb gemäßes eindringliches Verweilen bei den Gegensätzen, die sie isolieren.

So wird die laute Anbetung der Sünde, das unbeschönigte sich zu einem Laster Bekennen, das unbedingte Kapitulieren vor scharfen, ätzenden, von der Natürlichkeit wegdrängenden Trieben, das Abweisen jener ausgleichenden Hypocrisie »Moral«, die Erhebung des Pessimismus zum Lebensregenten – als Revolte einsamer, von Überdruß und Verachtung erfüllter Seelen anzusehen sein, die vor dem Leben die Waffen strecken, weil sie den Kampf mit der Übermacht verschmähen.

Frans Masereel

Dieser Zeit den Spiegel vorhalten? Zu große Ehre! Vitriol in die Fratze dieser Zeit!

Weggeätzt, fortgefegt diese Grimasse eines Zeitalters vom Angesicht der Geschichte.

Dem parasitischen Ungeziefer der Verdiener durch den Krieg, die Revolution, durch Niederbruch, Aufbau, durch aktive Teilnahme und neutrales Zusehn, durch Aussaugen der Sieger und der Besiegten, der ewig Betrogenen des letzten Standes – den bombensicheren Generalstabshöhlen der Aufsichtsräte, Industriekonzerne, Finanzententen – den Bordellen der Meinungsfabriken, in denen behaglich der nächste furchtbarste aller Kriege vorbereitet wird – den Kerkern des freien Gedankens, der selbstlosen Empörung, des reinen Menschheitstraums – Vitriol in die Fratze der schamlosen Hure Welt und Heute und dann einen tiefen Atemzug und auf und davon. –

Der Künstler soll ...

Der Künstler soll gar nichts. Er tut, wozu es ihn treibt. Was dasteht, aus seinem Trieb geboren, erweist Wert und Wesen seines Menschenwerkes, die Tiefe seiner Erdenspur ist bleibender Maßstab seiner Kunst, es gibt keine Tat, die in der Luft schwebte, ein Gebild aus nichts wäre, selbst Fata Morgana ahmt die Stätten dieser Erde nach, dieses Daseins unterm rollenden Sternenzelt.

Sei ein Märtyrer zuende gegangener Zeiten. Strecke die Arme sehnsüchtig aus nach irgend etwas, das nicht wiederkommen wird. Sei der verspätete lächerliche Scharfrichter eines längst geköpften Monstrums. Suche auf abseitigen Wegen verschwundener Kulturbezirke Gesetze von Religionen, die Kanons mythischer Kunst. Oder stelle dich mit schluchzendem Blick auf den Hügel vor das Gewimmel, mit segnender Gebärde oder fluchender Gebärde auf den Hügel, wo dich niemand kreuzigen wird. Stelle dich doch auf den Hügel und schreie aus vollen Lungen, wenn auch wellig aus dem Innern heraus, das Wort Brüderlichkeit in die Runde – aber lebe dann danach, wenn auf der anderen Seite du heil und ungeschoren im Glanz deines Manifests zu deinesgleichen abwärts steigst!

Selbst Dante, Shelley, Poe tauchten in der Wirklichkeit unter, sahen mit wachem Blick unter den Fluten das nackte Ringen der Elemente um sich, selbst Michelangelo, Beethoven suchten die Brandung der Volksleidenschaft auf, wo sie am erregtesten in die Höhe zischte, streiften nicht den hohen Kothurn ab, um eine Zehe vorsichtig in die vorübereilende Welle zu tauchen und den Anschein zu erwecken, als hätten sie knietief im Sumpf der Zeitwirren gewatet. – Es gibt welche, die wollen mit Konstruktionen die Welt aus den Angeln heben und sie auf den richtigen Fleck setzen, Konstruktionen geometrischer Art, oder aus Tönen, oder aus Wortgebilden absonderlicher Art, aus der Absonderlichkeit der Epoche zusammengefügt. Emsig und vergeblich suchen diese den archimedischen Punkt, von dem aus sie dem renitenten Koloß beikommen könnten, aber das verborgene Gesetz entwischt höhnisch ihrer Anstrengung, lahm und mit hängendem Kinn sehen sie sich an.

Oder man stößt auf welche, in denen die Lust darüber: daß es eine Zeit und Figuren und Arabesken und Zustände dieses nie dagewesenen, nie wiederkehrenden, kostbaren Heute gibt, sich überschlägt, und diese jagen an dem Rande der Gesellschaft dahin, johlen und zetern sich heiser, und es gelingt ihnen nicht, die schrille Welt parodistisch noch zu überschrillen.

Es gehören schon ein paar tüchtige breite Füße dazu, in dem apokalyptischen Totentanz dieser Epoche mitteninne sein Gleichgewicht zu bewahren; es gehört ein guter kühler Schädel dazu, der es verhindert, daß das heiße Herz mit den übrigen Gliedmaßen durchbrenne; der Drang, dem unheimlich mächtigen Regen einer aus dem Chaos werdenden Welt nicht dummeraugusthaft, mit läppischen Scheingesten, sondern kräftigem Zupacken an der richtigen Stelle nachzuhelfen, erfordert ein paar harte, unmanikürte Fäuste; und erst wo schöpferische Rebellion und nicht im geringsten wehleidige Gerechtigkeit sich auf natürliche, unproblematische Art die Waage halten, gewinnt eine Tat, ein Werk, ein Mensch dieser Zeit Bestand. Bestand, das heißt: sein umzirkeltes Teil an dem komplizierten Geschehen dieser Periode, die ihre Lebenselemente aus bedachtem Vernichten des Überlebten ebenso wie aus wissenschaftlicher Arbeit an der Utopie herbezieht. In einer so sehr der Mechanisierung unterworfenen Periode der Weltauflösung, wie die es ist, die wir erleiden, gilt der Phantasiemensch mit dem soliden Boden des Möglichen unter den Füßen.

Ein solch erlesenes Individuum kann natürlich, einerlei, aus welcher innersten Berufsbetätigung er auch herstamme, nur der Mensch sein, in dem der Glaube an den sozialen Kampf als einzige Verheißung einer Neuschaffung der Welt alle Fähigkeiten, jegliches Handeln, sämtliche Instinkte bestimmt und lenkt. In dem Haß und Liebe zu dieser Zeitspanne derartig dosiert sind, daß die chemische Zusammensetzung die Explosivkraft des Organismus steigert. Im erlesenen, für den sozialen Kampf, den moralischen Erneuerungswillen der Welt auserlesenen Individuum dieser Art hat sich das die Art Erhaltende sublimiert. Die Tradition jagt strömend nach dem erst in den Umrissen erkannten Besseren durch seine Seele hindurch, so daß er, rätselhaft hingerissen, selber mitreißt. Wenn er auch nicht den Anstoß zur Höherentwicklung gibt, so wird die Entwicklung doch durch ihn getrieben und beschleunigt. Es ist fast gleichgültig, woher er kommt, er wird, auch wenn er seine Zeit noch so leidenschaftlich verneint, ihr Exponent bleiben. Von wo und wann man seine Erscheinung auch betrachten wird, er wird nie anachronistisch wirken durch seine Hingabe an das Zukünftige, weil seine Verbindung mit der Masse und dem, was die Bewegung der Massen bestimmt, nicht aus einer begrenzten Zeit erklärt werden kann.

Die Formel eines solchen, für alle Zeiten wesentlichen Menschen ist: was geschieht, geht ihn zutiefst an. Er nimmt nicht nur teil an dem, was geschieht: ob er es verdammen muß oder nicht, er bekennt sich zu dem, was geschieht: ob er es bekämpfen oder von Mitleid geschüttelt beklagen muß, er ist zu sehr aus dem Stoff der Zeit, des Lebens geschaffen, und wenn es nur das Närrische ist, was ihn an dem Geschehen reizt, er wird nicht die Zähne blecken wie ein zynischer Wolf, sondern lachen, wirklich, aus voller Kehle dazu lachen.

Aber im Guten und Bösen, bei allem wird er sein gutes Messer im Stiefelschaft behalten, es verläßt ihn nicht, und er weiß, wenn er es hervorziehen wird, so wird das nicht allein zur Selbstwehr sein.

Einige Künstler lenken heute die Kunst zum politischen Dienst an der Gegenwart hinüber. Sie hören keineswegs auf, Künstler zu sein, so wie sich ihre Kunst nichts vergibt dadurch, daß sie gelegentlich Agitation, Mittelsperson, Zweckbereitung wird. Im Grunde wird die Kunst eines Menschen dieser phantastisch aufgewühlten, heillos widerspruchsvollen Zeit – vorausgesetzt, daß er eben der in der höheren Sphäre seines Daseins lebende Mensch sei, als der der Künstler zu gelten hat – gar nicht anders können, als in einem religiösen Sinne der Zeit, ihren Zielen, der Gesamtheit der Menschen mit voller Kraft zu dienen, bewußt oder unbewußt. Es gibt aber trotzdem nicht viele Künstler dieser Art in der gefährlichen Epoche, die wir gegenwärtig durchleben. Einer der kleinen Schar ist Masereel.

Man müßte sagen, dann und dann geboren, dort und von Eltern dieser Rasse oder jener. Damit wäre wenig getan, weder zur Erklärung des Menschen noch der Zeit, des Landes, noch der Tradition und wie das alles zusammenhängt.

Der religiöse Trieb zur Gesamtheit, aus dem heraus jedes wirkliche Werk geschaffen ist und der Saft der Energie seines Schöpfers quillt, sucht sich auf die Vorstellungswelt seiner Umgebung, auf das Milieu zu verbreiten, in dem die Zufalls-Existenz des Künstlermenschen sich abspielt. Er findet hier die Kronzeugen, die Mithelfer, die zur Verdeutlichung seines Wollens geeignetsten Figuren seiner Vision, und so läßt er selbst sich lokalisieren.

Auf diese Weise hat der Bauernbrueghel die Landsknechte zu seinem betlehemitischen Kindermord ausgesucht; Grünewald nagelt seinen bäurischen Christus ans Kreuz und stellt ihm Marien und Jünger aus der Nachbargasse hin; Meuniers Mater Dolorosa kniet am Schachtausgang einer Borinage-Grube; Charles-Louis Philippe findet die Gestalten seiner Passionsgeschichte in den Zuhälterkneipen von Montparnasse. Sogar Bosch holt sich seine Fabelwesen und Höllenausgeburten aus der Vorstellungswelt seines Dorfkatecheten heraus, und die Phantastik der ins Abstruse überkugelnden Vision Ensors zeigt und enthüllt ganz genau den Untertan des über ein verjesuitertes Belgien regierenden Congo-Leopold, der den Überdruß an der Umwelt mit der Mystik des Kirchenglaubens in sich gesogen hat – an die ihn das Glockenspiel des nahen Belfrieds viermal vierundzwanzigmal am Tage erinnert.

Das soziale Individuum Masereel, den sehenden Menschen, dem's in den Fingern zuckt, darf man sich in einer jener kleinen Verbindungsgassen vorstellen, die in belgischen Seebädern von der vornehmen Digue zum gemeinen Hafenviertel führen. Enge, geräuschvolle Gasse, von Läden, billigen Logierhäusern, mittleren Wirtschaften belebt, in ihr schlägt die Brandung des Amüsements, des Geschäftes, des Müßigganges, des harten körperlichen Robots von beiden Seiten zusammen. Ginge er entschlossen nach links, zu den schweren beladenen Schuftern der Barken, Fischzügen, Teerern und Tonnenwälzern, dem mühseligen Sichschinden am Tage und der stampfenden, Bier und Schiedam vollen Geilheit der bunten Laternen bei Nacht – der Demagog hätte es leicht. Ginge er nach rechts, zu den Flaneuren, Flirtern, dem Flausenvolk der Luxushotels, wo aus dem Erwarten der Börsenkurse und dem Kasinospiel sich Tag und Nacht zum raffinierten Halbdunkel der unbekümmerten Genießerexistenz ineinanderwebt – der Karikaturist hätte es nicht minder leicht. Zwischen Luxus und Robot mischt und verwühlt sich das kleine Gewimmel der übereinander rollenden, ineinander prallenden Klassenschichten, dieser geschäftige, nimmer zur Ruhe kommende Pfuhl, durch den die trivialen Instinkte von rechts und links wie eine rinnende Gosse der niederen Bourgeoisie hindurchlaufen. Gier und Zufriedenheit, Nachahmungstrieb und Anspannung, Trinkgeld, durch das der rechter Hand Genießende den linker Hand Schuftenden korrumpiert, Neid und versteckt geballte Faust, nach dem fertiggemachten Bett des Gemästeten im Grandhotel geschüttelt, mitteninne in der kleinen Gasse des mittleren Pharisäertums steht der breitbeinige Flame, das solide Messer im Stiefelschaft.

Mit den Karikaturisten dieser Epoche hat es seine eigene Bewandtnis. Seht den gefährlichsten, angriffstüchtigsten unter den Lebenden, George Grosz, oder den, den die Dämonie der Zeit noch tiefer gepackt hat und mystisch schüttelt, den Amerikaner Art Young. Sie treiben ihre Groteskenherden peitschenknallend durch die Avenuen der herrschenden Klasse, die Fünfte in Neuyork, den Kurfürstendamm in Berlin – da öffnen sich alle Fenster, in den Fenstern erscheinen die Urbilder, die Urtypen des Angriffs in natura, sie beugen sich lachend, entzückt und Beifall rufend weit über die Brüstung, um besser zusehen zu können, wie die Geißel, die spitze Lanze, der scharfe Bleistift sie selber dort unten vorwärts treibt. Diese Zeit ist in ihrem Kern so burlesk verworfen, über jeden Begriff, daß der Angriff abprallt, die Kraft erlahmt, die Wut sich an der ehernen Selbstsicherheit des Gemeinen zuschanden stößt. Seht die Karikaturisten dieser Zeit – verblüfft bleiben sie stehen, wischen sich mit dem Handrücken den sauren Schweiß ihres ehrlichen Sadismus von der Stirn, während das dankbare Publikum, gerade die, die sie vernichtet wähnten, ihnen aus allen Fenstern zujubelt! Die Zeit verbraucht ihre Waffen, die schweren Geschütze, die leichten, den Lohn, den Geist. Bestand hat nur eines: und das ist, das Leben verflucht ernst, blutig und bitterernst nehmen. Ohne Voreingenommenheit, ohne Staunen, ohne Übermut, ohne Grauen, nicht aus der Verkürzung, nicht von oben, nicht von unten, nicht von der Seite, nicht um die Ecke, sondern voll ins Gesicht dieses Lebens von heute schauen, en face, mitten hinein in die blutvolle, strotzende Visage, in die stahlkalten, unzwinkernden Augen, in das fleischige Raubtiermaul zwischen den festen blaurasierten Backen.

Das Leben dieser Welt so verflucht ernst nehmen wie das eigene Schicksal. Jeder Ernst bewirkt, daß die Menschen aufhorchen. Das Tremolo des Satirikers kitzelt sich ihnen zum einen Ohr hinein, zum anderen hinaus – der bare, nackte Schmerz bleibt sitzen, innen. Der Lachende dort unten mit der Peitsche hinter seinen Grotesken widerlegt ja selber die Gefahr, es ist ja nicht so tragisch gemeint, aber ein einziger wilder Ton des innersten Grimmes, der tiefsten Pein von dort unten ist genug, daß die Fenster rasch zugemacht werden, in den Häusern Stille wird.

Das Schicksal der Massen, der großen, in ihrem Aufschwung wie im Versagen gleich hilflosen, hilfebedürftigen Massen des Volkes als sein eigenes fühlen, auf Leben und Tod, das bestimmt die Wirkung des Künstlers, der den sozialen Kampf kämpft; der in diese Zeit gesetzt, sich von ihr nicht unterkriegen läßt, die Distanz wahrt und doch in allen Manifestationen unlösliche Verbundenheit erkennen läßt.

Es bewahrt ihn vor der verhängnisvollsten Klippe, an der ein großes Künstlergeschick scheitern kann – das nie ins Volk hinein wirken durfte, aus dem es doch stammte, seinen Saft herzog –, diese Klippe ist: das Leid der Gegenwart allzu einseitig, wehleidig, monomanisch auf sich selbst allein zu beziehen. Daran ist die überwältigende Kampfenergie des großen Strindberg, eines durch und durch heutigen Menschen, zerschellt, dieser Motor trieb nicht das Werk der Allgemeinheit. Das heroische Leiden der Masse in seinem kleinen Schicksal mitspüren, nicht sein eigenes Leiden heroisieren und über dem der Masse empfinden! Der kollektiv fühlende, leidende, hoffende Kämpfer, der seine Befreiung nur in dem Sieg der Allgemeinheit begründet findet und erkennt, er ist der so erlesene Künstler, der Genosse, dem der brüderliche Arm gut um die Schultern paßt. Was hat Land und Rasse, Zeit und Partei, was die speziell vorgezeichnete Disziplin der Revolte zu bedeuten. In dem Werk eines Künstlers dieser Kategorie fließt alles zusammen im guten, soliden Allgemeinbegriff Mensch. –

Den Mittelpunkt fast aller Holzschnittfolgen, in denen Masereel sein Leben im Alltag, unter den Heutigen, sein Leben unter vielen darzustellen sich bemüht, bezeichnet dieselbe Figur: ein gesunder, lang aufgeschossener Bauernkerl mit einem sensitiven Kopf, der der derbknochigen Gestalt einigermaßen widerspricht.

Diese Holzschnittfolgen, das sei rasch gesagt, sind von keinem Text unterbrochen oder zusammengehalten, sie haben etwas vom Film, aber mehr noch von der Biblia Pauperum. Man kann sie in jedem Land, vor Menschen aller Sprachen abrollen lassen, sie werden überall verstanden sein; man kann sie in Himmelsgegenden, wo neunzig Prozent der Passanten Analphabeten sind, an die Mauern kleben – ich spreche gleich davon –, und man kann sie auf Büttenpapier gedruckt als Angebinde auf Boudoirtischen hinterlassen – ich komme darauf nicht mehr zurück –, kurz, sie bewähren sich an manchem Ort: das ist auch ein Witz dieser außergewöhnlichen Kunst.

Der lange Bursche geht in einer Attitüde, als hätte er immer die Hände in den Hosentaschen, nein, er geht nicht, er stapft durch alle wechselvollen großen und kleinen, bedeutsamen und selbstverständlichen Zufälle der täglichen Existenz des Volkes, durch den Durchschnitt der Klassen sozusagen, eben jene kleine Gasse zwischen den Extremen, aber hier sind ja alle Sublimitäten und Wunderlichkeiten, Verbrechen und Gnade, Torheit und verschlagener Sinn zu Hause. Angeregt und angezogen, enttäuscht und abgestoßen sieht er sich Schritt für Schritt das Leben an, nie wie ein verträumter Esel, sondern immer recht wach und zum Mittun aufgelegt, freudig oder frech, milde gestimmt und doch mit dem Messer im Stiefelschaft, stets parat das gute geschliffene Messer. Wo er dem Drill und Zwang der sogenannten Gesellschaftsordnung nachgeht, hat man eher das Gefühl: da ist einer in das Räderwerk hineingeraten, als: daß er mit heimlichem Ehrgeiz sich hineingeschmuggelt hätte, um den Feind in seinem Schlupfwinkel zu belauern. Darum kriegt er selten Abstraktionen zu fassen, es sind auch noch in dem verstaubtesten Aktenwinkel lebendige Menschen, nur kläglich lächerliche Marionetten der Gefühls- und Gedankenträgheit, eher durch Mitverstrickung, innere Leere und hereditäre Dummheit schuldig, wenn sie auch in putzig pathetischer Gebärde den Anschein wecken möchten, sie seien es, die lenkten, nicht Geschobene.

... Die Biblia Pauperum nicht zu vergessen! Ich sah Bilderbogen ähnlicher Technik, wie sie in Masereels Büchern zusammengefaltet und geheftet vorliegen, der ganzen Höhe und Breite nach an den Wänden Moskaus, Petersburgs, Kasans und der Wolgastädte bis hinunter kleben, witzige Plakate, sie predigten mit geringstem Aufwand von Pathos oder Anklage oder Aufreizung dem großen, unerzogenen, leidenden und seiner Befreiung nach unvollkommen bewußten Volk: Ausdauer, Notwendigkeit der fortgesetzten Anstrengung, Beharren und Sichbewähren in allen möglichen Lebenslagen, Schicksalsfällen, Kampf und wieder Kampf um das hohe Ziel.

... Es ist kein Zufall, daß in Rußland von allen ausländischen Graphikern nächst George Grosz Masereel allgemeine Popularität genießt – neben dem kannibalischen Propagandisten der romantische Rufer im Streite der Massen. (Vorerst sind es wohl noch überwiegend seine im Kriege entstandenen Anklageblätter, aber auch schon solche aus dem »Stundenbuch«, auf die sich diese Volkstümlichkeit stützt; ein Beweis dafür, daß das Element der volkstümlichen Romantik im Leben der breiten Massen seinen agitatorischen Wert nicht verleugnet, auch nicht an dem Orte der härtesten, erbittertsten sozialen Machtentfaltung!) ...

Das Element der Romantik ... was hätte es in dieser Zeit der Gestaltung großer, im Grunde nüchtern ökonomischer Dinge und Neuproportionierungen zu schaffen? Nun, es spricht für Masereel, daß er niemals in die jetzt übliche romantischtuende Verherrlichung des Fabrikbetriebs noch der Romantisierung des Landwirtschaftswesens verfällt, die meist sich als captatio benevolentiae gegenüber dem revolutionären Manne der physischen Arbeitsleistung erweisen. Im Gegenteil, in verschiedenen Blättern sehen wir den langen Bauernkerl, sein sensitives Gesicht in unverhohlenem Entsetzen verzerrt, von den Stätten der splitternden Eisengüsse und surrenden Transmissionen Reißaus nehmen, und wo Bäume, Schafe und Ährenfelder um ihn zu sehen sind, sinkt er nicht in Anbetung vor einer Heugabel oder Erntemaschine in die Knie, sondern sein Trieb zur Romantik offenbart sich als seliger Wunsch, faul sein zu dürfen, dahinzuleben wie ein Stern, eine Eidechse, ein Kind, eine Sonnenblume, in der Gottverbundenheit paradiesischer Kreatur vor dem Sündenfall, vor dem Schweißausbruch des täglichen Broterwerbs.

Man könnte nun auch diese Frage stellen: was in Himmels Namen solche Weltanschauung mit diesem wildwüsten Heute, dem drängenden Stand unserer Emporentwicklung zu schaffen habe, dieser Not, in die wir Heutigen gestellt sind, die uns auferlegt ist, Sinn und Zweck unseres gefährlichen Daseins? Was soll dann noch das scharfe Messer im Stiefelschaft, wenn es weiter nichts bezweckt, als ein Instrument zu sein, um Löcher aus einer Weidenrute zur idyllischen Flöte zu schneiden?

Wie weit darf sich der Künstler, sofern er sozialer Kämpfer, ein Mensch unter diesen Heutigen ist, wie weit darf er sich in seinem Werk von der notwendig vorgezeichneten Linie des Kampfes um aktuelle Ziele, mit aktuellen Mitteln, gegen unmittelbar sich aufreckende Gegenkräfte entfernen? Darauf ist dasselbe zu sagen, was einmal schon gesagt worden ist: der Künstler darf alles, wie er nichts soll. (Doch: eines soll er, nämlich sich widersprechen.) Im Körper, im organischen Gefüge der menschlichen Gesellschaft, in den Zusammenhängen des sozialen und ökonomischen Baues der heutigen Gemeinschaft stellt dieses unverläßliche Ingrediens, dieses schwer organisierbare Agens ein Element vor, und als solches ist sein Tun innerhalb der gegebenen Notwendigkeiten nicht begrenzt zu werten. Der Künstler ist als sozialer Kämpfer der Vorwegnehmer der vollendeten Entwicklung. Ihm sind auf diesem Wege, den die Menschheit etappenweise zurücklegen wird, alle bereits durchlaufenen und noch bevorstehenden Stationen und Stadien lediglich der Vernunft nach bewußt – falls er sich der Mühe unterzogen hat, sich soziologisch zu bilden. Sein Gefühl aber – sein Gefühl ist schon weit voraus. Er lebt in der unbegrenzten Utopie des Dermaleinst – und weil der Bürger seinen Begriff von der Utopie: Geld und Ansehen, Behagen und Die-Kinder-sollen-es-besser-haben schon bei Lebzeiten, das heißt innerhalb der erlaubten Verhältnisse zu erreichen hofft und gelegentlich auch erreicht – läßt er es den Ausreißer in die Zukunft entgelten, was das heißt: sich entziehen wollen! In nichts anderem hat der soziale Kampf, den der Künstler in seinem Heute ausficht, seine Ursache und Bedeutung.

Er ist zu sehr zukünftig, viel zu reich und ungebunden bei allem Zusammenhang mit der Allgemeinheit, zu voll des transzendentalen Überschwangs, als daß er es vermöchte, sich bei der Disziplin zum Vorwärtsgelangen in die allernächste Etappe zu bescheiden. Die Revolution, Lokomotive der Weltgeschichte, begeistert ihn, weil sie dem Speed seiner Seele näherkommt als die Evolution der mit kleinen Gewichten krämerisch kompromisselnden Feilscher um das Recht. All die Kräfte seines ungestümen Begehrens, seiner Liebe, seines Hasses, seiner Revolte, seines Kampfesmuts spitzen sich zu einem Pfeil, mit dem er die Sonne zu erreichen hofft, einen Stern, eine glimmende neue Welt irgendwo unter den Planeten – dabei weiß er gut genug und hat es erfahren, was es mit der Muskelkraft des Bogenspanners und der Schwerkraft des irdischen Wollens auf sich habe!

Ich liebe sehr eine der kleinen Holzschnittfolgen Masereels, die »Die Sonne« betitelt ist, in der auf vielen Blättern dies zentrifugale Immeraufwärts der aus Fernen unbekannt herstammenden Menschenseele naivlustig und ohne Wehmut vorgeführt ist. Dieses schöne Buch ist das echte Produkt eines romantischen Realisten. Wir sehen da, wie der Holzschneider Frans Masereel beim offenen Fenster, durch das die Sonne hereinscheint, über seinen Holzstöcken eingenickt ist und aus seinem Kopf, den die Sonne heiß bebrütet, wie aus einem Ei, ein kleiner Astralmasereel hervorkriecht, um alsbald, unter Zuhilfenahme aller möglichen, auch der am wenigsten geeigneten Beförderungsmittel der modernen Technik, aber auch der weniger zugänglichen Vehikel beflügelter Sonnensehnsucht, immer wieder hinaufzufliegen, zum glühenden Mutterschoß. Aeroplane, Kinderdrachen, Kirmesschaukeln und Kranichzüge, sogar aufgespannte Sonnenschirme halten zum hohen Flug her – aber auch glutausstrahlende Kruzifixe, irrsinnig sich drehende Leuchttürme, Elmfeuer auf schwankenden Masten, ja die in der Aura ihrer konzentrierten Sinnlichkeit einherwandelnden Unterröcke der Matrosendirnen, die Schnapsbottel und die Bücher der Gelehrsamkeit, die sprühenden Brandfackeln, in Garben aus dem Mund gläubiger Streikapostel aufsteigend, haben die Sonne, führend zur Sonne, sind Ziel und Flügel zum lebenbringenden Element! (Es kann aber auch weiter nichts sein als eine Kerbe in dem Holzstock, schräg von unten nach oben geschnitten – kaum zu glauben, mit welcher Leichtigkeit ein Holzschneider auf einem Lichtstrahl reitet!) Immer aber, systematisch, plumpst der kleine astrale Gernegroß am Ende schmerzhaft auf die Erde nieder, was ja das unausbleibliche Ergebnis solcher Exkursionen sein muß. In diesen rasch durchblätterten Bildern ist, neben dem anmutigen Grundgedanken, auch das Symbol des künstlerischen Schaffens überhaupt gegeben. Denn so entsteht jedes Kunstwerk, ja jedes Menschenwerk, mehr, jeder soziale Aufschwung nimmt irgendwie den typisch selben Verlauf: ins Ungewisse springt der Wille zum Fenster hinaus, hinauf, woher die Anziehung kommt, und bald darauf müssen die irdischen Knochen mit Sorgfalt unten vom Pflaster aufgelesen werden, damit der Sonnensohn, das himmlischirdische Geschöpf beim nächsten Elan wieder springen und plumpsen könne.

Nach der Jahreszahl zu urteilen, um die er in Genf an der »Feuille« auftauchte, muß Masereel noch recht jung sein. (Im Grunde ist es ein Unfug, wenn man über junge Künstler, die noch am Anfang ihrer Entwicklung stehen, schon Monographien schreibt; und es ist schon alles Mögliche, wenn alte Leute sich hinsetzen, um solches zu vollbringen, wie es hier geschieht!) Den Künstler beschäftigen naturgemäß in der Hauptsache die Erlebnisse der Jugend. Wenn der Tod in seinen Blättern vorkommt, so ist das ein höchst seltsamer Macchabäer, der als Skelett den Tanz mit dem zu rasch verlassenen Erdball erst recht aufnimmt. Masereel beschäftigen die Energien der Jugend, die Anziehungs- und Abstoßkräfte der zentralen Leidenschaften der Jugend, und die Komplex- und Verdrängungstheorien der Psychoanalytiker haben in seinen durchaus gesunden und unkomplizierten priapischen Erfahrungen nichts zu suchen. Eher schon die soziologische Pointe, wenn zum Beispiel der lang aufgeschossene Bursche mit dem Bauerngestell einem zierlich verbildeten Bourgeoisfräulein begegnet, wobei die Anziehungskraft des Elementes sich auf horizontalem Niveau, vielleicht sogar etwas darunter, abspielt. In der kleinen »Geschichte ohne Worte« ist sehr anmutig der Maskeradentanz des vergeblich werbenden Männchens rund um das seiner Instinkte nicht sichere Weibchen geschildert, mit allen Hilfsmitteln der Zivilisation, der ganzen Narrengarderobe der Verführung wickelt sich das ab, Bizeps, Melancholie, Geld, Mitleiderregen, Gleichgültigkeit, Berserkerei, alles wird abgewandelt, bis dann das unvermeidliche Herunterplumpsen eintritt, aber ein für allemal und definitiv, wenn der Pfeil sein Zentrum erreicht hat und Wille, Phantasie, Illusion wie ein leerer Balg in sich zusammenfällt, ein Balg, aus dem die Puste entwichen ist.

Wie die Ujlenspiegels, so waren Masereels Jugendjahre vom Trommelschlag des Krieges durchschüttert. Er hat in diesen Jahren eine gute Schule durchgemacht und in der Genfer Zeitung eine gute wütende Art von Journalistik getrieben. Der Kontakt mit der internationalistisch-pazifistischen Menschheit in der neutralen Schweiz hat ihn nicht mit der bürgerlichen Hypokrisie angesteckt, die den Krieg allein aus nationalistischen Ursachen erklären will. In diesem Sinne hat er seine Knochen in Genf nicht vergeblich in Sicherheit vor den Granaten spazierengeführt. Wenn ihm seither das Messer aus dem Stiefelschaft fährt, geschieht das nicht beim Anblick von Epauletten, sondern vielleicht eher, wenn er einen rauchenden Schlot sieht. Er scheint gewillt zu sein, den Krieg weiterzuführen, erst recht den guten Krieg weiterzuführen, dort, wo er seit Friedensschluß scheinbar aufgehört hat oder vertagt worden ist. Nicht allzu viele von denen, die in der Schweiz waren, haben das getan, tun es jetzt. Der Weg vom Pazifisten zum Revolutionär verpflichtet zur Revision des ganzen Denk- und Gefühlssystems des bürgerlichen Menschenfreundes, und gar mancher, der vor 1918 das Wort Brüderlichkeit am lautesten erschallen ließ, bewies bald darauf dadurch, daß er auf halbem Wege kehrtmachte, wie hoch sein Pazifismus im Grund einzuschätzen gewesen ist.

Immerhin gehen mir jene Blätter näher zu Gemüt, in denen der derb-sensitive Bursche, einen Kopf höher als seine Umgebung, sichtbar bleibt, wie im »Stundenbuch«, als jene, in denen er hinter dem Moralisten verschwindet, wie in der rührend gesehenen Geschichte des unehelich geborenen Jungen, der zum Aufrührer werden muß, oder dem von seinem Verführer schnöd verlassenen Mädchen aus dem Volk, das ins Wasser geht, während der Verführer sich eine Zigarre anzündet. Diesen Themen scheint die Technik des Bilderbogens nach heutigem Empfinden zu primitiv – eine zart angedeutete Kopfwendung, eine bedeutungsvoll verteilte Fläche aus Schwarz und Weiß vermag die psychologische Wirkung kaum zu erreichen, die die Sprache, das erschütternde Argot des großen Charles-Louis Philippe, Masereels nahem Nachbarn im engen Quartier heutiger europäischer Menschlichkeit, so leicht und ohne beabsichtigte Nuance hervorruft.

Ich empfinde den Rebellen gut und rein genug, in der Spannweite zwischen dem grimmigen Spaßmacher, der den Marktweibern ihre Körbe umwirft, und dem sanften Franziskus, der an der Straßenecke die Sperlinge füttert, das Droschkenrößlein umarmt. Selbst wenn er auf Phantasiewegen sich in die ungekannten Regionen der wilden Völker verirrt, in Afrika einem armen gepeinigten Negerweiblein den Peiniger mit Fußtritten davonjagt, mit Negerkindern herumtollt, im Urwald seinen lieben Brüdern, den Affen, guten Tag sagt, in all den à vau-l'eau hingeblätterten Erlebnissen des Stundenbuches, Produkten der Einbildung, erschöpft sich mir diese sympathische Natur direkter und bleibt mein Vergnügen an dieser geraden Menschlichkeit unvermischt.

Zuletzt gelingt es Masereel, aus dem Aufrufhaften seiner im Kriege geschaffenen Arbeiten, den populären und die Sprache der Massen anstrebenden kurzen Bilderfolgen, die ich eben erwähnte, »faits divers«, Zeitungsnotizen oder Lokalereignissen, seinen Weg ins Monumentale zu bahnen. Es gelingt ihm damit, die Gefahrenzone des Totentanzes zu verlassen, diesen primitivsten Ausdruck, zugleich aber höchste Form des Bilderbogens, der auf die Dauer Betrachtungsfeld und Format einengt. Die Gefahr des Totentanzes ist besonders dort gegeben, wo der Intellekt des Künstlers aufs Erlebnishafte, das Literarische gerichtet ist, seine Haltung den Stoffen des Lebens gegenüber bestimmt. Der weit ausstrebende menschheitsgerechte Drang vermag sich im Engen leichter zu verlaufen, zu verirren als in der freien Komposition. Diese Emanzipation vom Bilderbogen muß keine Abkehr vom Volkstümlichen bedeuten, im Gegenteil, sie mag den Künstler reicher und wärmer dahin zurücklenken, woher er kommt. Ein Über-die-Stränge-Hauen ins Gebiet des Grotesken bekommt ihm dafür weniger gut.

Hier ist des öfteren von einem Messer gesprochen worden, dem Messer im Stiefelschaft, und damit war das gute scharfe Werkzeug des Holzschneiders gemeint, das sich, wie der Pulsschlag aus dem Herzen es befiehlt, leichter oder tiefer in den gefügigen Klotz versenkt. Es ist ein solides Messer, und der es bedient, verfügt über mehr als eine sichere Hand und ein tüchtiges Herz. Dieses Werkzeug, ein Skalpell, zugleich eine Waffe, gutes Selbstverteidigungsmittel im Kampf mit der Zeit ums Dasein, fordert Entschlossenheit, Kühnheit und vor allem Genauigkeit der Vision, die kein Tasten noch Gefackel zuläßt. Es ist ein zweischneidiges Werkzeug und kehrt sich unerbittlich gegen den, der es nur zaghaft zu führen versteht.

Licht und Dunkelheit, Zartheit und Wut, Anmut und Tollheit, Sonnenstäubchen und Erdenkot flirren und kleben um die Schärfe der Klinge, die die wechselnden Erlebnisse aus der Welt der Erscheinungen herauslockt. Eiter, Blut, Sperma, flüssiges Gold und Funken von Blitz und Wetterleuchten stieben aus dem Holz hervor, wenn die Hand mit dem Messer sich tief, wie in das Fleisch dieser verwesenden Gesellschaft preßt. Gewähr der Wirklichkeit, schwebend und sanft erheben sich die Nuancen zur Plastik, zum Farbigen, in der sonst so spröden Technik des Schwarzen und Weißen: aus dem ausgesparten Raum entsteht Luft und Perspektive, Horizont und Unendlichkeit. Eine gute Rauferei, Messerstich, offen und heimtückisch versetzt, endet den Gedankenaustausch zwischen dem, was werden will, und dem, was beharren möchte.

Die Meisterschaft des Handwerks hat sich bei Masereel früh eingestellt, gleichsam zugleich mit dem Bewußtsein des Rechten. Deutlicher und entschiedener als im Krieg konnte das ja gar nicht geschehen. Im Krieg stand die Moral der bürgerlichen Gesellschaft fertig und festgezeichnet da, unappellierbar und ohne Entschuldigung – man brauchte ja bloß die Augen offenzubehalten angesichts dessen, was man vor sich hatte und zu sehen bekam. Täglich stach der junge Künstler nach dem Götzen, das bewirkte die zunehmende Sicherheit seiner Hand, und damit begann seine Karriere.

Jetzt, da das Götzenbild in seiner Kontur etwas vage geworden und in die Breite gegangen ist, heißt es: den Instinkt schärfen und die Gedanken beisammen behalten, um es zu vermeiden, daß die Faust danebenhaue und die Luft treffe. Der gerade, sparsame, direkte und wirkende Arbeiter Masereel kann leicht der Versuchung unterliegen, daß er sich beschwatzen, zu Dingen und Stilarten verleiten läßt, die in der Richtung zwar seiner geistigen Absicht, aber weitab von seiner unkomplizierten, im Menschendienstlichen ruhenden Sphäre liegen. Bei jungen Künstlern, die aus Überschwang anfangen, nichts Ungewohntes: aber sicherlich irritiert es einen mehr, als wo man als Ursprung der Unsicherheit ein Zuwenig des vitalen Könnertums erkennt. Ich sage ganz einfach, daß mir die Seitensprünge ins lediglich Groteske den Genuß am Werk Masereels stören und daß die schwankend hingestellten Stricheleien bei diesen Erzeugnissen seiner auf abwegigen Mäandern oder ins rein Literaturhafte verlaufenden Sackgassen verirrten Phantasie beweisen, wie wenig er sich hier zu Haus fühlt. Schließlich stößt dann der Instinkt sich bald einen Weg zurück und läßt ihn auf der unterbrochenen Bahn seines klaren Wesens vorwärts gehen, das ihn zum Großen und den einfachen Linien einer zentralen Sendung berechtigt.

In der gegenwärtigen Periode der Revolutionierung aller Begriffe, der politischen, moralischen, der ästhetischen nicht zuletzt, erhebt sich allbereits, vorerst nur einigen wenigen sichtbar, der Umriß einer neuen Kunstschöpfung. Einer neuen Verbundenheit der

Kunstschöpfung mit den für den Genuß nicht genügend vorbereiteten, unerzogenen Massen. Ein Stil des Lebens, der Wirklichkeit, an dem in gleicher Weise der Künstler und der, für den der Künstler wirkt, teil hat; eine Wechselwirkung, gegenseitige Befruchtung, Einheit.

Einer der großen, schöpferischen Ideen der Russen, ein von genialer Intuition zeugender Begriff: die Proletarische Kultur, lebt bereits in einigen wenigen, über die zivilisierte Welt verstreuten Künstlermenschen, Kämpfern für eine Erneuerung der Kultur auf verbreiterter Grundlage.

Es sind ihrer nicht gar viele, wie gesagt, und seltsam ist es, daß gerade Rußland, die Wiege der Idee, keinen überragenden hervorgebracht hat. Ein vollendetes Spezimen dieser Zukunftsgilde scheint mit unter den Schriftstellern Upton Sinclair zu sein, unter den bildenden Künstlern Masereel. In diesen beiden Namen heben sich auf jeden Fall die zahlreichen Mißverständnisse auf, die sich um die viel verlästerte Klangverbindung »Proletkult« in der kurzen Zeit, seit sie auftauchte, ja zeitweilig schon in Vergessenheit geraten ist, gebildet haben.

Diese neue Kunst stammt aus erster Hand, und diese Hand ist die des Arbeiters, Bauern, Soldaten, die Tuns gewohnte Hand des primitiven Volkes, die sich auch ballen kann, und zwar hart. Manche von den aus dem Bürgertum herkommenden Künstlerarbeitern der Gilde haben an den Brüsten des Pazifismus gesogen, bis ihnen die Weisheitszähne gewachsen sind. Jetzt stehen sie unter Waffen.

Es sind reine und sozusagen geweihte Waffen, denn dieser Zeit, die sich in epileptischen Todeszuckungen windet, wird nicht durch Stinkbomben allein der Garaus gemacht werden.

Immerhin verpflichtet die geringe Zahl die, die im ernsten Kampf um die Gestaltung der zukünftigen Kulturform stehen, zu einer gewissen, nicht pathetisch aufzufassenden Heiligung ihres Werkes. Ihr Widerstand gegen die giftig niedrigen Strömungen, die den Sinn des Begriffes: sozialer Kampf fälschen und schwächen, wird sicherlich ein Korrektiv in den Kampf der Klassen bringen. Denn das ist eine der schmerzhaften, gefährlichen Aufgaben des Künstlers, dieses sich in die Klassen nicht einfügenden, an dem Entstehen der klassenlosen Gesellschaft innig beteiligten Individuums: den Kampf so zu gestalten, daß der Sieg der überwältigenden Mehrheit des zutiefst gehaltenen und gedrückten Standes, den von der Kultur am wenigsten berührten, enterbten Massen gesichert sei – daß aber in diesem Kataklysmus der Klassenwelt Das nicht mit untergehe, woran der Künstler allein glaubt, wovon er allein lebt und ohne das jede Gesellschaft ein lebloses Gebilde sein muß, Ding ohne Gnade, ohne Gott.

Ich war in der Niederschrift dieser Sätze bis hierher gelangt, als die Post mir einige köstliche Photographien brachte, die Masereel von einer neuen Seite zeigten, als Bildhauer. Diese Nachzügler kamen gerade recht, wie auf ein Stichwort.

Es ist nichts Verwunderliches dabei, wenn das Helle und der Schatten einen Graphiker vom flachen Holz zum Dreidimensionalen führt: Daumier, Käthe Kollwitz haben plastisch gearbeitet, um nur die Namen zu nennen, die mir gleich einfallen. Was mir aber Masereels Skulpturen, die ich nur im Lichtbild kenne, wertvoll und kostbar erscheinen läßt, ist dies: sie zeigen in der Beeinflussung des Künstlers durch Gauguin, durch die Kunst: und Skulptur der Archipelvölker (und nicht durch die Gotik, was vielleicht näherläge!) die Heimat im Paradies, im lustvollen Beisammensein von Mensch und Natur, im Klima der Urreligionen, in der Kindlichkeit der Erde, der unbeschwerten Primitivität des Geschöpfes.

Aus dieser reinlichen Quelle fließt der Glaube aller wahren Empörer gegen das Falsche, Widrige, Tödliche unserer Scheinkultur; die Urvision des revolutionären Menschen ist das Paradies.

Im allgemeinen halte ich nicht viel von der Flucht in die Kunstübungen der »Wilden«; sie hat ihre Ursache in Übersättigung und Apathie, in einer des Esseintes'schen Pose und steht eher am Ablauf einer Zivilisationsepoche als vor dem Aufstieg zu einer noch unbekannten, erst geahnten. In diesem Falle aber verhält es sich, wie ich sagte: die Photographien bestätigen, was ich mir über Masereel gedacht habe.

In ihm ist der Funke lebendig, der in dem Tahitipilger, in Verlaine und van Gogh, in Charles-Louis Philippe und in dem rührend drolligen alten »Douanier« geglommen hat, mit wechselnder Stärke und Leuchtkraft. Er begreift darum so gut die Heiligkeit der niederen Vorgänge im beladenen Alltag, wie der unverdorbene Proletarier, er hat das zart-ernste Vergnügen der erstaunten Kinderaugen, die zum erstenmal die noch unbegriffenen Dinge der Welt vor sich aufgehen sehen, und sein Zorn über das Unwahre, Aufgeblasene entlädt sich in urmenschhafter Unbekümmertheit – in einem Strahl von vorn, einem Wind von hinten.

Da er kollektiv fühlt und die Welt nicht ausschließlich auf sich bezieht, ist sein Humor bei allem elementaren Grimm versöhnlich, und seine Satire hinterläßt keinen üblen Nachgeschmack. Kräftig wirbelt seine Welt durcheinander: hier sitzt er mit den Kindern der Armen im Guignol, und hier spielt er ihnen selber Guignol vor. Aber die Musterungskommission: ist sie nicht auch Guignol, wie der hochweise Staat? Er hält sich den Bauch vor soviel Ernst und Wichtigkeit. In den Stätten der armen Frohheit wird er vergnügt, in denen der gehobenen benimmt er sich aber so, daß die Leute entsetzt zusammenlaufen. – Ein Grubenarbeiter zieht ein reines Hemd an. Was ist daran? Eine uneheliche Mutter empfängt im weißen Hospital ihr Kind aus den Händen des freundlich bebrillten Oberarztes. Was ist daran? Ein armer Dichter sieht an der Straßenecke Magdalena auf und nieder wandeln, hat aber nur zwei Sous in der Tasche. Ein Metalldreher liest, den Briefumschlag mit dem Wochenlohn in der Hand, den Maueranschlag, der ihn zur Betriebsversammlung ruft. All diese Vorgänge könnten Themen Masereels werden, und sie würden uns Erlebnisse bedeuten, wie es einer Schar Kinder Erlebnis ist, wenn sie plötzlich am Straßenrand, vor der Prozession, die hochheilig mit Monstranz, Baldachin, Kerzenglanz und Weihrauch dahergeplärrt kommt, einen langen Bauernkerl unerwartet Purzelbaum schlagen sieht, wo er doch ein Kreuz schlagen sollte! Kräftig jagt die Welt des Künstlers Himmel, Hölle und Erde durcheinander, und er weiß, daß die Begriffe nicht lange standhalten vor dem Willen dessen, der sich befreit hat, der sie umstellt, dorthin, wohin Gewissen, Vernunft, Schöpferlaune sie haben will und sie infolgedessen hingehören. Humor gehört dazu, ein bißchen unverwässerte Gläubigkeit, Mitfühlen mit dem Wesentlichen und sonst nichts weiter als Holz und Messer.

Etwas muß ich korrigieren: der Ursprung des Bilderbogens ist nicht der Totentanz, sondern seine Anfänge stecken in den Heiligenlegenden auf den Tafeln der Trecentisten, der Quattrocentisten. Da sehen wir oft das Leben eines Heiligen auf geringem Raum von der Geburt bis zur Apotheose wie ein Band sich abrollen. Das Ereignis, das die Heiligkeit des Heiligen begründet hat, ist meistens im Mittelpunkt der Tafel oder am chronologischen Ende dargestellt: eine Begegnung, eine Offenbarung, ein Opfer oder eine Heilung, ein Tod. Und in primitiver Vernachlässigung des Perspektivischen der Weg mit Häusern, Felsen, Tieren, Bäumen, Figuren, mit Dem, der später der Heilige wird. Das sublime Gesetz der Komposition.

Im Mittelpunkt des Kunstschaffens dieser gegenwärtigen Epoche steht solch etwas Heiliges, will mir scheinen. Vielleicht werden wir noch bei Lebzeiten, vielleicht wird erst der posthume Betrachter der Zeit inne werden, wohin die Wege der Kunst heute, gestern und morgen führen.

Bei einigen heutigen Künstlern, ich sagte schon, ihrer sind nicht gar viele, ist die zentrale Idee, Leidenschaft, Heiligkeit: das ungeheure Geschehen der sozialen Umwandlung, das Kommen der Gerechtigkeit, dessen Zeugen wir sind. Die Krise, der Kampf um die Befreiung. Aber in den Entwicklungsphasen der heutigen Kunst gibt es wirre Wege, um wieviel mehr noch im Entwicklungskampf eines jungen Künstlers. Nichts mißlicher, als den Propheten spielen wollen. Aber Masereel hat schon, so jung er auch ist, so kurz die Zeit, die ihn aus dem Krieg in das Licht der Öffentlichkeit hat auftauchen sehen, Gültiges geschaffen. Sein Werk, das Werk eines in den Anfangsstadien der Entwicklung befindlichen Künstlers, das hier so frühzeitig in seiner notwendig fragmentarischen Gesamtheit gezeigt, auf das hingewiesen ist, hat mit dem zentralen Geschehen dieser Zeit das Gemeinsame, daß es das Heraufkommen einer neuen Menschheitsepoche begleitet, verkündet und verheißt. –

Der neue Intellektuelle

Eine Begegnung mit Herrn »Howard Curle«

Wir sind früh in den Palazzo Pitti gekommen, in den Sälen ist kaum noch ein Me<nsch. Gleich schiebe ich mir einen Sessel vor Giorgiones Konzert, während mein Reisegefährte in ziellosem Umherschlendern seinen Genuß zu erjagen versucht.

Ich bin noch gar nicht recht ins Schauen hineingeraten, da kommt er schon, ganz rasch, auf Fußspitzen, durch alle Türen zu mir zurück; er ist weiß wie Linnen, über dem linken Auge hat er den roten Fleck auf der Stirn – so bleibt er vor mir stehen, etwas hat ihm die Rede verschlagen! Es wird Jahr um Jahr unerquicklicher, mit ihm zu reisen. Jetzt geht er zu seinem Kölnischen Wasser heim, und es vergeht ein Tag, es vergehen zwei, eh' ich ihn wieder zu Gesichte bekomme. »Drüben ... vor dem Kardinal von van Dyck steht ein Mensch ... geh und sieh: Ob du es glaubst oder nicht... es ist Oskar Wilde!«

Ich sehe ihn an. Der rote Fleck hat sich ausgebreitet, hat die Schläfe gewonnen. »Oskar Wilde,« bemerke ich ruhevoll, »geboren 1850 zu Dublin, liegt seit dem Herbst 1900 in Bagneux begraben, einem kleinen Vorort von Paris ... übrigens, da du hier bist gerade, willst du, bitte, den Jüngling mit dem Federhut hier im Bilde in Augenschein nehmen? Dieses leere Gespenst! Wenn ich an die Jünglinge von Giorgione denke, den Berliner, den Braunschweiger, den aus Hampton Court: auf Treu und Glauben, dieser hier nie und nimmer!« – »Ich bin, wie du weißt, Wilde wiederholt begegnet, vor seinem Prozeß in Oxford, nachher in Sizilien, in Assisi ...« – »Verzeih: das Konzert – eine alte Freundschaft, die in die Brüche geht, ist wohl eine wert, die man erneuern möchte? Wenn Ihr Euch begegnet seid, wird der Mann dort drin dich wohl wieder erkennen. Hat er dich wieder erkannt?« – »Selbstverständlich: nein. Ich stand neben ihm und er sah mich. Nichts dergleichen.« Sein Gesicht zieht sich vor Leiden zusammen: »Versprich mir, daß du das nicht auf sich beruhen läßt! Denn ich habe ja leider genug für heute!« – »Ärmster!« Schon ist er fort.

Allmählich gleitet alles aus dem Bereich der Aufmerksamkeit hinweg, der Jüngling, der Ordensbruder, die inbrünstige Mittelfigur, ich rücke den Sessel an die Wand zurück und gehe durch die Säle. Vor van Dycks Kardinal steht ein Mann.

– Ein einziges Mal habe ich Oskar Wilde gesehen, einige Wochen vor seinem Tode, im Pavillon Rodin auf der Pariser Weltausstellung. Er war mit einem jungen Franzosen da und sah ruiniert aus. Ich fühlte Trauer in mir wie einen körperlichen Schmerz, als ich ihn so vor mir stehen sah und erkannte. Aber da blickte er zu den Statuen auf und mir wurde im Nu frei und warm zu Sinne. Ich habe den wundervoll beschwingten Blick, mit dem der zerstörte Mensch die Geschöpfe der Kunst grüßte, lebendig in mir erhalten wie eine Lehre. Ich sah dem Mann vor dem van Dyck ins Gesicht. Er hatte sogar den Blick. –

Am Nachmittag lief der Portier des kleinen Palazzo Sibillini am Arno mit ehrerbietigem Rücken durch den Flur vor mir her, die Treppe hinauf und schellte an der alten Eichenpforte, auf der das Wahrzeichen der ausgestorbenen Familie der Sibillini als Türklopfer zu sehen war: eine geharnischte Frau mit offenem Buch in den erhobenen Händen. Außerdem war ein kleines silbernes Sicherheitsschloß in die Eichentür eingelassen und ein Metallschild mit den Worten: »Mr. Howard Curle«.

Im Vorzimmer stand ein livrierter italienischer Antinous, dessen Zügen die verheerende Wirkung der Lektüre von englischen Detektivgeschichten anzusehen war; er stand da und hatte den strengen Auftrag, keinen Unbekannten zu seinem Herrn zu lassen. Ich schrieb auf meine Karte: es handelt sich um einen gemeinsamen Freund. Ich dachte mir: er wird mir doch nicht durch seinen Diener sagen lassen, daß er mit niemandem gemeinsame Freunde besitze! Über meinen Kopf weg führte der Portier mit dem Antinous die augenzwinkernde Geheimsprache der Trinkgeldempfänger. – Der Herr ließ bitten.

Mr. Curle saß in einem prächtigen grünen Damastzimmer zwischen alten Boulemöbeln, hinter deren Scheiben man Porzellan, Bronzemünzen und Pergamentbände erblickte. Er ließ mich in einem Lehnstuhl gegen das Licht niedersitzen, die Junisonne vom Arno her floß glorreich und blendend über sein Gesicht, seine Hände, über die ganze weichliche und ein wenig gedunsene Gestalt mir gegenüber. Ich begann gleich mit der Erklärung: ich komme aus Deutschland, in den Zeitungen steht alle drei, vier Monate einmal die Nachricht, Oskar Wilde sei hier und dort gesehen worden; ich selber habe Wilde ein einziges Mal gesehen, in Paris, auch habe ich über Wildes Sterben und Begräbnis glaubwürdige Mitteilungen empfangen durch einen Freund, der zugegen gewesen ist, einen der wenigen, die die tristen Tage vor dem Tode, die beschämend dürftigen Veranstaltungen nach dem Tode Wildes miterlebt haben.

Herr Howard Curle: »Ihr Freund ist der Maler van 'sGravenhage.«

Ich: »... ja, jawohl, Sir, Sie scheinen unterrichtet zu sein?«

»Ich bin über alles unterrichtet, was sich von Wildes Tode bis zu seiner Beerdigung zugetragen hat.«

»Das genügt mir, ich danke Ihnen, Mr. Curle. Denn nun weiß ich's ja, daß Sie nicht Oskar Wilde sind.«

»Vorausgesetzt... Nun, ich war ja nicht zugegen und habe auch nur meine, ebenfalls recht glaubwürdigen Informationen, die allerdings woanders herkommen als die Ihren!«

»Wie meinen Sie denn das: vorausgesetzt, Mr. Curle?«

»Ich meine damit: ebensowenig der Vater eines Menschen mit Sicherheit zu bestimmen ist, ebensowenig kann man es mit Sicherheit behaupten, daß ein Mensch gestorben ist und begraben wurde.«

»Van 'sGravenhage war dabei, als man den Sarg zugeschlossen und vernietet hat.«

»Sie sprechen ein passables Englisch, Sir, Sie sprechen das Londoner Englisch, ich nehme an, Sie haben sich eine Zeitlang in London aufgehalten. Haben Sie sich da nicht in einer müßigen Stunde die sogenannten »ägyptischen Mysterien« von Maskelyne und Devant angesehen? Zu meiner Zeit war diese Zauberbühne in der Nähe von Piccadilly. Da konnte man und kann man ohne Zweifel heut noch einen lebenden Menschen in Adamsgröße vor den Augen des Publikums verschwinden, einfach in Nichts sich auflösen und verschwinden sehn! Diese Illusion wird durch eine Kombination von geschickt aufgestellten Spiegeln erreicht. Wollen Sie sich nur einen Sarg auf einer Bahre vorstellen, das heißt: einen ziegelförmigen Holzkasten, der auf einem mit schwarzen Tüchern verhängten, im übrigen vollständig hohlen Brettergerüst ruht?«

»Ja, ja, ich sehe das. Wir haben im Deutschen einen trefflichen Ausdruck für dergleichen: wir nennen es Spiegelfechterei. Das gute englische Wort Humbug sagt aber vielleicht dasselbe.«

»Ich kenne die Sitten Deutschlands wenig, Sir, bei uns in England wählt man für den Fall, man hätte jemand Unhöflichkeiten zu sagen, einen neutralen Ort, das Bureau eines Rechtsanwalts, seltener den Klub, niemals die Behausung dessen, den zu beleidigen man vorhat.«

»Ferne liegt es mir, Sie für einen Charlatan erklären zu wollen, Mr. Curle, ich bitte Sie, dies zu glauben. Nach den ersten Minuten unserer Unterhaltung erblicke ich in Ihnen vielmehr einen Mann, der seine Bestimmung unter den Menschen nicht zu finden vermocht hat und sich, begünstigt durch einen außerordentlichen Zufall, mit plötzlichem Entschluß eine wenn auch beschwerliche, so doch unbedingt lohnende Pose angeeignet hat, die es ihm ermöglicht, nun endlich Einer zu sein, Einen vorzustellen. Wenn dieser Eine auch ganz und gar und deutlich und ausgesprochen ein Anderer ist als er selbst!«

Herr Curle sah mich eine Zeitlang nachdenklich an und sprach darauf: »In dieser Lage befindet sich vielleicht jeder Gestorbene? Ein rechtschaffener Toter ist ja gewiß ein schauderhafter Poseur, aber nicht dies ist's, was ich meine.«

Ich nickte: »Ich verstehe Sie vollkommen, Mr. Curle. Jawohl, an eine Art von Totsein habe ich dabei selber gedacht.«

»Wollen Sie die Liebenswürdigkeit haben, mir diese Art ein wenig zu verdeutlichen, Sir?«

»Gewiß, ich will's versuchen. Ich meine: wie viele von denen, die in Wahrheit leben, erleben den Augenblick ihres physischen Todes? Wie viele solcher Götterlieblinge gibt's unter denen, die wirklich gelebt haben? Der Tod, den ich meine, tritt den lebenden, das heißt den tätigen Menschen in dem Augenblicke an, in dem er zu sich spricht: ich muß meine Taktik ändern. Es ist der Augenblick, in dem der Sieger reaktionär wird und sich bemüht, den Nachstrebenden

die Möglichkeiten, die ihm selber zum Sieg verholfen haben, abzu-
schneiden, und es ist der Augenblick, in dem der Untergekriegte
sich mit seinem Schicksal versöhnt und die Spuren seines Kampfes
vernichtet, sozusagen die Namen der Götter, die auf seinem Wege
standen, an die er geglaubt, an denen er gezweifelt hat, aus seinem
Herzen stößt, zerbläst wie, wie schlechte Gase ... Es ist aber auch der
Augenblick, in dem Einer die totale Selbstvernichtung begehen
wird, weil in ihm der Glaube lebt: Drüben erst werde er sein men-
schenwürdiges Los finden. Tod ist's auf alle Fälle ... so ungefähr
dachte ich mir's. Nur scheint es schwer zu sein, mit Anstand und
ohne Aufhebens stille zu liegen; wie oft, wenn mir die Ohren gellen,
sage ich vor mich hin: schreit doch nicht so, was schreit Ihr denn,
wir wissen ja, daß Ihr nur die Stimme überschreien wollt, die in
Euch spricht: tot, tot, tot!«

»Nachdem Sie mir auf diese Weise die Art meiner Selbstvernichtung verdeutlicht haben, möchten Sie mir nun nicht sagen, wann in
Wildes Leben jener Augenblick eingetreten ist?«

»Der Spötter und Weltmann Wilde wird wohl, als er im Gefäng-
nis seine hohe und reine Zuchthausballade entstehen fühlte, in die
Nähe des Augenblicks geraten sein. Vielleicht hat er ihn früher
schon gestreift, zur Zeit, da er jene Abhandlung über den Sozialis-
mus und die Menschenseele niedergeschrieben hat – er hat den
Augenblick, in dem sein Leben sich hätte verklären können, wohl in
einer Distanz empfunden –, gestreift vielleicht, er wurde nicht berührt von ihm, und er ist als ein Lebender gestorben, vermute ich.
Denn ich kann mir den Augenblick jenes Todes, von dem wir sprechen, nicht anders vorstellen als einen Blitz, der ein Leben jählings
in ein Vorher und ein Nachher auseinander spaltet, auf dem Feld
stehen Bäume, schwarz, aufrecht, ohne Laub ... nein, das ist's nicht,
was ich sagen will, ich drücke mich schlecht aus, verzeihen Sie ...«

»Nehmen Sie an, Sir, die Legende wäre Wahrheit und Wildes
Körper erfüllte noch heute die vorgeschriebenen Bedingungen der
Existenz im Fleische. In diesem Falle würde sich die Umkehr ganz
gegen Ihre Annahme in Wilde vollzogen haben, und der Augenblick seines angeblichen Todes und Beerdigtwerdens gäbe für Sie
und mich das Signal ab dafür, daß der Verschwundene seine Umkehr in die Tat umgesetzt hat. Ist es nicht so? Sie haben indes sicher-

lich gehört, daß Wilde kurz vor seinem Tode katholisch geworden ist. Diese Prozedur war wohl nichts weiter als das Bemühen eines schlauen Komödianten, seinen gut vorbereiteten Abgang von der Bühne möglichst wirkungsvoll einzuleiten?«

»Nein, ich glaube in Wildes Katholizismus den Beweis dafür zu haben, daß er weiterzuleben gedachte. Ich kenne einige Künstler in England und weiß, wie sie unter ihrem Protestantismus seufzen. Vielleicht wollte Wilde nur sein Erdenleben in einer erhobenen, frei gesteigerten Form weiterführen, sich als Phantasiemensch nicht mehr mit den Wahrheiten des kleinen Einmaleins herumschlagen und wurde katholisch aus dem Grunde, aus dem ein aufgeklärter katholischer Priester, den ich in Rom kannte, es ein für allemal ablehnte, über das Dogma der unbefleckten Empfängnis, der Unfehlbarkeit und so weiter zu debattieren – aus Bequemlichkeit, sagte er, in Wahrheit, weil die Flügel an seinen Schultern schon anfingen, etwas lahm zu werden.«

»Vielleicht ist Wilde katholisch geworden, ganz einfach um seinen Selbstmord, den die Kirche ja verbietet, zu verheimlichen.«

»Oh, Selbstmord, Mr. Curle?!«

»Nun, ebensowenig es sich mit Sicherheit feststellen läßt, ob einer richtig begraben wurde oder nicht, ebensowenig genau kann man nachweisen, ob einer des geruhsamen oder des schlimmen Todes gestorben ist, wenn's der Verstorbene nur einigermaßen geschickt angefaßt hat. Wilde hatte alle Ursache, seinen Selbstmord zu vertuschen; er hat ihn als die schmachvollste Art der Kapitulation des Einzelnen vor der Gesellschaft verworfen!«

Ich sah Herrn Curle an; vielleicht wurde ich jetzt erst seiner ganz verblüffenden Ähnlichkeit mit Wilde gewahr.

»Wie, glauben Sie, Mr. Curle, hätte Wilde denn weitergelebt, wäre er hinter dem Rücken der Menschen von den Toten auferstanden?«

Herr Curle sah mich mit lustigem Zwinkern an, führte eine italienische Handbewegung aus und sprach: »Schwer zu sagen, Sir! Es gibt nur einen Präzedenzfall, und den haben die Theologen verpfuscht. Auf jeden Fall ist das Ableben ein Erlebnis solch schwerwiegender Art, daß es dem, der's aushält, gestattet sein muß, sich auf die ihm eigenste Weise aus der Affäre zu ziehen. Ich denke, ein höflicher und geistvoller Mann wird nach seinem Tode nicht ruhen, ehe er eine Dankesschuld von sich gewälzt hat, die er bei Lebzeiten nicht abtragen konnte. Ich meine: Wilde wird vor allem beim Lord Queensbery vorgesprochen haben, der seinen Prozeß, die späteren Ereignisse und somit auch Wildes Erlösung von der Mitwelt in die Wege geleitet hat. Es ist aber gar nicht unmöglich, daß er den zu Reading hingerichteten Reiter in der Kgl. Leibgarde, C.T.W., dem die Zuchthausballade gewidmet ist, aufgesucht hat ...«

»Man hat Wilde kurz nach seinem Tode in Amerika gesehn!«

»Sir – das halte ich für durchaus unwahrscheinlich. Wer Oskars Briefe aus Amerika und die Abneigung, die er gegen die Staaten hegte, kennt, wird es einem Manne von Geist nicht zumuten, daß er sich gerade dort versteckt, um alle Zweifel an seinem irdischen Tode verstummen zu machen. Man hat ihn, soviel ich weiß, in Avignon, in Turin, in Rom, in Tanger gesehen, all dies beweist natürlich nicht das geringste.«

»Nein, in der Tat, nicht das geringste. Denn ich habe ihn ja heute im Palazzo Pitti gesehen und sogar besucht.«

»Teilen Sie das einer Ihrer deutschen Zeitungen mit, und man wird Sie für einen nicht ernst zu nehmenden Menschen erklären, wahrscheinlich für einen Narren, den man binden sollte.«

»Ich kann's auch einer französischen Zeitung mitteilen!«

»Man wird den Verstorbenen für einen sacré farceur erklären und sich weiter nicht aufregen!«

»Teilte ich's einer englischen Zeitung mit – –«

»Es würden nur ein paar Tische in Bloomsbury und Pimlico, deren Beruf das Sichdrehen ist, in Bewegung geraten und sonst niemand.«

»Übrigens unterschätzen Sie die mögliche Wirkung auf die Gemüter in Deutschland. Man ist dort sehr hinter solchen Sensationen her! Theater, eine Schar, würde Wildes Schauspiele wieder aufs Repertoire setzen!«

»Bitte, mein Herr, sprechen Sie mir um Gottes willen nur nicht von Wildes Theaterstücken!«

»Wilde ist nämlich nach seinem Tode in Deutschland populär geworden.«

Herr Curle, mit allen Zeichen tiefsten Abscheus: »Er hatte also nicht nur recht, sich beizeiten davonzumachen, er hat auch guten Grund, nicht körperlich aufzuerstehen. Die Popularität – ha! – ich will nicht sagen: die Popularität in Deutschland, ich will im allgemeinen sagen: die Popularität! Sir, ich will Ihnen etwas Heiliges aus einem Narrenleben verraten: Die Tragik in Wildes Leben ist nicht in den gewiß furchtbaren Begebenheiten während seines Prozesses und in den nachfolgenden zu suchen, das Tragische in Wildes Leben hat sich während seiner Glanzzeit begeben. Er hat zu viele weltliche Vorteile, zu viel Eitelkeitsnutzen aus seinen Fähigkeiten gezogen; als er dies einsah, kam das Grauenhafte über ihn: er fing die Welt, in der er lebte, er fing sich und vor allem seine Werke um ihrer Wirkung willen zu verachten an. Er beschloß, diese Welt, die ihm sein eitles Bild entgegenwarf, wie einen Spiegel mit einem Schlag des Spazierstockes zu zertrümmern; er beschloß, ins Fegefeuer hinabzusteigen, um später geläutert die Werke aus den Träumen seiner Jugend schaffen zu können – aber o weh! Er stieg verbrannt aus dem Feuer und nicht geläutert, starrte in den Spiegel und entsetzte sich, als er sein Bild darin nicht mehr erblickte. Die Sucht, zu glänzen, Mittelpunkt und ein Erreger des Neides zu sein, saß zu tief drin im Blut seiner Pulse; um sein Selbstbewußtsein bis zu dem Grade zu erhitzen, bei dem seine Dichterkraft zu quellen, zu brausen anfing, benötigte er bitter den flitternden Beifall und das lächelnde Staunen um sich herum. So wurde Wilde ein Schönsprecher, Witzbold und Anekdotenborn der Estaminets und der Kaffeehäuser, vor Leuten, die sich mit dem Gesicht gegen die Wand setzten, um nicht von sich sagen zu hören: ei, sieh da, ich hab den ja neulich mit Wilde gesehn! Und die Werke, die hellen Werke alle blieben ungeschrieben. Da sagte sich eines Tages dieser gewitzigte Geist: So billig hält Gott eben die Buße nicht feil – das ist es. Für Jene, die ihre Person zu weit in den Vordergrund gedrängt haben, bis an den Platz, wo nur das Werk, aber nicht sein Schöpfer stehen darf, für sie gibt's nur eine Sühne, nur ein Zurücktreten: Den Tod, das radikale Verschwinden.«

»Und dennoch – Howard Curle?«

Herr Curle lachte leise in sich hinein, und ziemlich lange. Endlich sprach er: »Wie war das doch, was Sie am Anfang unseres Gesprächs von dem Mann sagten, der seine Bestimmung ... wie war das doch?«

»Ich meinte den, der seinen Platz im Leben nicht zu finden vermocht hat und eine Pose auf sich nimmt, um endlich als Einer dazustehen, ungefähr ...«

»Ich wollte sagen, das ist nicht übel gedacht, wenn auch etwas schwunglos ausgedrückt. Was würden Sie zu einem sagen, der sich die amüsante und lohnende, immerhin etwas unbehagliche Aufgabe gestellt hätte: Den Menschen eine Lehre zu erteilen, indem er sie mystifiziert, weil er weiß, daß das Geheimnisvolle eine ungleich stärkere Suggestion ausübt, als die bestgefügten Worte es je könnten?« Mr. Curle warf sich in die Brust und sprach: »Ja, jawohl, beim Jupiter, Ausdauer, Verschlagenheit gehören schon dazu, um eine derartige Gegenwart aufrechtzuerhalten. Und noch etwas, gewiß, noch etwas mehr ...«

»Sie wollen doch nicht sagen, Sir, daß Sie von Gründen der Menschenliebe, von erzieherischen Gründen sich bestimmen ließen, als ein posthumer Oskar Wilde herumzugehen?«

»Wir vergeuden den wunderhellen Junitag, mein Herr, wir vergeuden ihn. Lassen Sie mich nur kurz sein: die Methode des Lebens, die ich Ihnen da expliziert habe, ist eine Methode, die sich ein ganz phantasiearmer Kopf zurechtgelegt hat und gewiß nicht des Mannes würdig, der von sich sagt:

»he who lives more lives than one,
more deaths than one must die.«

Dies müssen Sie als untrüglichen Beweis dafür gelten lassen, daß ich der Mann bin, dessen Namen Sie auf dem Schild vor meiner Tür gelesen haben, und niemand anders. Nur werden Sie jetzt vielleicht etwas besser von mir denken als vor einer Viertelstunde, und das also wäre gewonnen. Denn ich habe Ihnen klargemacht, wie hier einer seine Pose nicht eigentlich um seines eigenen Nimbus willen auf sich genommen hat, sondern um diesen Nimbus einem Andern zu verleihen, der nicht mehr fähig ist, ihn sich selber zu erwerben.

Dies ist übrigens der einzige mir bekannt gewordene Fall, in dem aus einem Dandy ein Heiliger geworden ist. Eine Figur, die der arme Oskar hätte verewigen sollen!«

»Sie werden mir aber zugeben, daß Sie gefallen sind, ins Unheilige, sehr Menschliche, Unterdandyhafte, soeben: da Sie mir gestanden, nicht Wilde zu sein. Wenn es die höchste, unverbrüchliche Pflicht des Dandy ist, in seiner Rolle zu bleiben, so steigert sich diese Pflicht mit ihm ins Heilige empor. Ich brauche jetzt bloß hinzugehen und einem Freunde, der im Hotel auf mich wartet, mitzuteilen, daß ich dem Wilde aus Avignon, Tunis und Turin persönlich begegnet bin und daß es niemand anders ist als ein Herr Howard Curle, begabt mit einer erstaunlichen Ähnlichkeit mit Wilde, und der es im übrigen selber willig zugibt, Herr Howard Curle zu sein – – die Legende ist weggeblasen, und Sie sind der letzte und infamste, entlarvte Snob und ein Spott der Welt!«

»Sie haben unrecht. Sagen Sie es getrost, beweisen Sie es unwiderleglich, daß ich Howard Curle bin und nicht der Andere – die Menschen werden erst recht an die Legende glauben.« Er hatte sich erhoben und geleitete mich zur Tür.

Ich: »Es ist furchtbar, was Sie da von den Menschen sagen!«

Herr Curle: »Man muß gestorben sein, um das von den Menschen zu wissen.«

Ich: »Und wer das von den Menschen weiß, kann gar nichts Klügeres tun als sterben.«

Herr Curle: »In der Tat, Sir, in der Tat. Guten Tag.«

Rilkes Roman [Die Aufzeichnungen des Malte Laurids Brigge.][1]

Der Leser schlägt das Buch auf, liest eine Seite, errötet, erbleicht: mea res!

Immer mehr wird der Tod der Inhalt von den Büchern der Dichter. Und das ist gut; was soll das Leben in ihren Büchern? Was wissen sie vom Leben? Was Leben ist, muß man schon suchen, anderswo in Erfahrung zu bringen. Und wenn es über ihnen zusammenschlägt und sie ertrinken darin – nicht einen Hauch von seinem Geschmack werden sie dir auf die Lippen streichen. Um die meisten aber steht es so, daß sie ganz und gar auf dem Trockenen sterben, auf einem Stück trocknen Stein stehn sie, und um sie herum ist die tiefe Ebbe. Stehts nicht um die meisten Menschen so, und sie wissen es nur nicht? Wüßten sie's, es möchten mehr von ihnen die Bücher der Dichter lesen.

Wie kommt einer zu seinem Tod? Woher des Weges schleppt er seinen Tod herbei, bis sein Tod so unmenschlich schwer geworden ist in ihm, daß er sich hinsetzen muß und ihn aus sich herausschälen, ihn von dem eigenen, sterblichen Unflat säubern und hinstellen in das Unabgegrenzte? Dieser hier ist den guten Weg gegangen, den geraden und sicheren, das heißt den Weg der Armut, Krankheit, Einsamkeit; dreimal Einsamkeit hingeschrieben nach den ersten. Sein Buch ist ganz voll vom Tod. Und als wäre es nicht genug, daß jede Zeile Licht von seinem Licht hat und phosphoresziert, preßt er da und dort in ein Wort den Tod noch so tief hinein, daß er gar nicht mehr herauskann und daß das Wort zu wimmern anfängt vor Schmerz. Ein Mensch wächst in seinen Tod hinein wie in ein zu weites Hemd, das dann bald paßt. Einer überbrüllt im Sterben die Glocken. Fliegen im Herbst »besterben« ein durchwärmtes Zimmer! Solche Worte erfindet man nicht, sondern kriegt sie vom Tod selbst. Der Leser läuft den Weg zurück, über den dieser da seinen Tod bis zu ihm hergeschleppt hat, um zu sehn, wann sein Tod denn in ihm geboren worden ist? Der Leser weiß gut oder hat es aus glaubwürdiger Quelle erfahren, daß der Dichter sich zeit seines Lebens von

---

[1] Leipzig, Insel-Verlag 1910

seiner Kindheit nährt, echtes Brustkind seiner Mutter, kein Ammenkind. Der Leser läuft so weit zurück, bis er die schaurigen Brüste entdeckt hat, aus denen der Tod hineingeflossen ist in die begnadeten Lippen. Malte Brigge macht es dem Leser nicht schwer, denn wo er nicht von seinem Jetzt erzählt, erzählt er von seiner Kindheit. Da steht der Leser vor ihr und möchte sie erkennen. Und weil ihm das nicht gleich gelingt, so stutzt er. – –

Malte Brigge sitzt in seiner elenden Hotelstube in Paris und schreibt Seiten in sein Buch über sein Damals und Jetzt, er ist ein noch junger Mann. Die Scheiben, hinter denen die Welt Paris liegt, sind trüb und schmutzig, und die Augen, die auf dem Papier mit den Buchstaben gehen, sind blaß und übermüdet. Das Papier wird bedeckt mit reinlichen, runden Buchstaben; hier und dort zeigt ein Zeichen zwischen den Linien an, daß ein Bild oder ein Mensch oder ein Tag den Schreibenden verlassen hat. Das Jetzt, das draußen scharf und unerbittlich ums Haus pfeift, fliegt herein und setzt sich auf dem Papier fest, und das Damals, zart und verschleiert, als wärs vor Hunderten von Jahren geschehn, gleitet von der anderen Seite herbei und breitet sich auf dem Rest der Seite aus: woher kommt es denn, daß der Leser so empfindet: Hunderte von Jahren sind zwischen dem Einst und dem Jetzt dieses Menschen vergangen? Weil die Aktualität seiner Qualen den Leser näher angeht als die Vision von seinem Vergangenen? Oder vielleicht weil der Leser die Bürde seines Jetzt auf allen Straßen und am eigenen Leib erlebt hat, die Wehen seines Einst aber nur in den Büchern? In denen, die von den Nachkommen der Blides handeln und von Marie Grubbe und auch in jenen näheren des teuren Bang? ... Dies hier ist kein Vorwurf. Der Unterschied in der Überzeugungskraft, die von Malte Brigges Gegenwart und Vergangenheit ausgeht, der Unterschied der Zeugungskraft, die seiner Gegenwart und Vergangenheit Leben gegeben hat, dieser Unterschied, der sein Werk scheinbar entzweibricht, verschwindet, wenn das Sausen, das auf dem Grunde des Buches ist, dem Ohr wieder vernehmlich geworden ist, durch das Gegenständliche hindurch, das Ablenkende. Dann ist Stück und Stück sogleich zusammengehalten von dem Großen, vor dem War und Ist wie Ein Rauch aufgehn, so wie im Geist des Dichters Geträumtes und Erfahrenes nicht wie Öl und Essig beieinander sind, sondern wie Wein und Wasser.

Der alte Zeitungsverkäufer vom Gitter des Luxembourg (ach, wir alle haben Zeitungen von ihm gekauft, die wir nicht gelesen haben!) und der Veitstänzer auf der Brücke und der Blinde, der seinen Gemüsekarren rufend vorwärts stößt, und der Jägermeister im alten Schloß und Brahes und Maman und die Frauen mit den unwirklichen Namen, und die Legendenkönige aus grauen Chroniken und die bis in die Seele hinein verschlissenen Fabelwesen auf dem Gobelin im Louvre, alle sind Genossen derselben Qual und gehen gleich gekleidet wie die italienischen Gugelmänner von der Bruderschaft des Todes. Alle sind gleich eingehüllt in eine Sprache von weither, sie kann oft so schmerzhaft süß und fast schon unirdisch werden, daß der Leser sich irr umschaut in seiner leeren Stube und inne wird: niemand ist da, dem er einen Satz vorlesen könnte! Und der Leser fühlt es so treu mit, daß diese Sätze bei Nacht, kniend und unter Tränen auf ein mattbeleuchtetes Stück Papier geschrieben worden sind. Und der Leser erkennt auch zwischen dem Wort und dem Wort die bittere Gebärde wieder, die dem Gequälten gegeben worden ist, damit er, wenn seine Einsamkeit zu groß über ihm ist, die Pforte seines Kerkers öffnen könne für eine kurze Frist. Und auch das Schauen in solcher Frist erkennt er wieder, das zu intensive Hinschauen, dem die Welt nicht mehr standhalten kann, sondern hinschmelzen muß wie eine Handvoll Schaum.

Es gibt einen Triumph der Dichter, und der heißt: das erste Lesen. Und dann gibt es einen andern Triumph, und der heißt: das zweite und das hundertste Lesen. Und der gute Leser ist der, der sich nicht gleich das erste Mal zur Wehr setzt. Das ist der gute Leser, und er ist allen Dichtern von Herzen zu wünschen. Ihm kann es geschehen, daß er unversehens eintritt in die Gemeinschaft der Fabelwesen eines Dichterbuches, einer wird von den Gezeichneten, den Kranken, den ins Leere Gestoßenen, den vor Unglück fast schon Lächerlichen, daß er für die Dauer einer Zeit, in der nur das Blätterumwenden lebendig ist, ein Phantom geworden ist: wie jenes Kind im Maskenkostüm, es erschrickt, weiß auf einmal nicht mehr, ist es längst vergangen, ist es da, ist es nie gewesen, oder: wie jenes alte, verschrumpelte Weib, das im Garten die Sperlinge füttert, mit Brotkrumen, die sie früher im Mund gehabt hat – die kleinen Tiere sollen von ihrem Speichel ein wenig in die Welt auseinandertragen, das wird ihre Einsamkeit lindern! Es mag dann dem Leser gesche-

hen, daß er eine Zeitlang noch verzaubert unter den Menschen herumgeht, viele Faden tief unter seine eigene Existenz hinuntergerissen, ehe er sich auf sein In-die-Höhe-Kommen besinnt und rasch schon im Abschiednehmen von der Verzauberung sich nach dem Schatz umsieht, den es doch da unten geben muß, damit er weiß, wonach er das zweite und das hundertste Mal tauchen soll! Und da wird es sich erweisen, ob er mit nur einem Aufstampfen des Fußes an die Oberfläche zurückkommt oder, schwer von der Last, die er mit sich bringt von unten, langsam und mit Mühe ans Licht zurück?
–

Es ist wahr: mit dem Tod als Tiefstem zuunterst kann ein Kunstwerk nicht leben. So wie der Leser unter der Figur des Dichters im Werk nach der Ursache seiner Zugehörigkeit zu den Figuren seiner Einbildung geforscht hat, so forscht und schürft der Leser unter dem großen Gleichnis des Todes nach dem Einen, das Schönheit und Kraft besitzt, das Gleichnis aufzuheben, die Gleichung auf Eins zu bringen, nach Gott also. Und da erweist es sich, der Leser schlägt sich an die Brust, wirklich und wahrhaftig, es erweist sich, in dem Buch ist zu viel Geduld und an einem Punkt hört es auf. Wie sieht denn der Gott aus, den ich als das Erhabene in der Lächerlichkeit der Lächerlichen, als das Erstgeburtsrecht der Enterbten, als die Unvergänglichkeit der von der Verwesung Gezeichneten erkennen soll? Ich dürfte wohl verlangen, daß er aussehe wie der Gott des größten Heiligen, aber ich will mich schon zufriedengeben, wenn es mein privater, menschenähnlicher und ein bißchen vergrämter Gott ist, der Auflehnung heißt, Revolte.

Zu viele unter den Guten leiden heute, zu viele Bücher werden über den Tod geschrieben: wäre es nicht an der Zeit, daß das Leid der Dichter anfinge, die Mühlen zu treiben? Malte Brigge, er hat es gut herausgefühlt, was die Menschen untereinander bindet, er hat auch Jene herausgefunden unter den Menschen, die die Seinen sind. Er hat Gedichte geschrieben, in denen viel über Gott steht, aber Gedichteschreiben ist ein höfliches Gewerbe, und sowenig die Verszeile an den Rand des Blattes kommt, so wenig kommt die Seele ganz an den Rand ... In Prosa sich auszutoben geht eher an, das Vaterunser ist doch auch in Prosa geschrieben. In den Gedichten, die diesen »Aufzeichnungen« zeitlich vorangehen, hat es der Leser zuweilen als köstlich empfunden, den Dichter vor Gott in Demut ministrieren zu sehen. In dem Buch Brigge, hat der Leser gehofft, wird der Dichter Gott näher an den Leib rücken. Seine Stimme singt, betörend wie je, hier klingt sie auf einmal nicht mehr sonor genug, will es scheinen. Er kommt dem Tod sehr nah, er überholt ihn nicht; er weiß, was das heißt: einsam, einsam, aber wäre die Einsamkeit sein Gott, so würde er nicht an ihr vergehen, sondern sich auf eine Säule hinaufziehen lassen oder in die Wüste wandern und seinen Gott dort anbeten und begatten. Aber da er nun doch vergeht, warum geht es ihm denn nicht auf: wenn man in den Kirchen gesellig ist, um zu beten, so ist die Einsamkeit dazu geschaffen, damit in ihr die Fäuste geballt werden. Im Leid ist jeder für sich, fühlt man aber Brüder im Leid, so ist es die Empörung und die Notwendigkeit der Rache, die die Fäuste aufmacht – und die Hände ineinander treibt.

»Was wußten sie, wer er war? Er war jetzt furchtbar schwer zu lieben und er fühlte, daß nur Einer dazu imstande sei. Der aber wollte noch nicht.« (Ende der Aufzeichnungen.)

Als der Leser diese Sätze gelesen hatte, da verstand er sie gut: die Mühe und den qualenreichen Lehrlingsweg Dessen, der so gut lieben und so gut geliebt werden möchte wie der jüngere Bruder der Sonne und der ältere der Pflanzen aus Assisi. Er aber liebt nur erst, was Seinesgleichen ist, noch nicht alles, weil es ist. Er ist vorläufig noch der Einsame, und sein Lieben heißt noch zu sehr Leiden. Aber er will und will den Einen. Und weil er ihn in Seinesgleichen nicht ganz zu erkennen vermag, so muß er es erleben, daß Seinesgleichen ihm seine Liebe nicht ganz erwidert. –

De Costers Tyll Ulenspiegel

Die Vlamen haben es gut, ihr Nationalheld trägt eine Schellenkappe, keinen Glorienschein auf dem Kopf, sie haben es besser als die Spanier, denn ihr Tyll gehört ihnen, Don Quijote aber aller Welt. Den edlen Junker haben die Bücher zum Narren gemacht, der Schelm Tyll aber ist ein Held geworden aus guten Gründen, die man im »Abfall der Niederlande« lesen kann. Von Gnaden der Inquisition brennt ihm Klasens, seines Vaters, Asche in einem Beutelchen auf der Brust, so zieht er nicht gegen Windmühlen aus, sondern gegen sehr wirkliche Unholde und Widersacher, die Schellen klingeln schließlich nur noch ganz schüchtern in das Eisengerassel drein. Es ist schade, daß de Coster, in dem schon das Zeug zu einem Cervantes steckte, seinen Tyll von der Geburt an nur bis ins Mannesalter begleitet hat; so fängt das Buch etwa mit Straußens Klarinettenpurzelbaum an und hört mit dem A-cappella-Chor von: »Wilhelmus von Nassauen« auf, aus den beiden Themen wäre eine schöne, weltüberwindende Orchesterfuge zu flechten gewesen, die den Greis Ulenspiegel ins Große Allgemeine gesteigert hätte. Dann wären wir statt um eine »nationale Bibel« um ein Menschheitsbuch reicher, noch dazu um eines, geschrieben von einem Heutigen, aus dem der heilige Unwillen in einer wilden, hiebsicheren und zeitgenössischen Sprache herausfährt wie nur aus den Größten des Zeitalters.

Aber de Coster lebte in den Jahrzehnten zwischen der Romantik und den Eisenbahnen und beschied sich im Historischen. Nur daß er, der Sohn eines kleinen Landes mit einer großen Kunst, seine Begeisterung im Stil der Meister seines Geblüts ans Licht bringt. Dem gewaltigen Aloysius Bertrand, an dessen »Gaspard de la Nuit« man sich manchmal erinnert, wenn man den Ulenspiegel liest, hatte es die Gotik Frankreichs angetan, in den kleinen, schroffen, mit der Faust konturierten Abschnitten, die Schlag auf Schlag das Buch de Costers aufbauen, tritt die Kraft all der drei Breughels zu Tage. Mit groben Schritten und gutklapperndem Mundwerk bewegen sich die treuherzigen und ungeschlachten Wesen in der gläsernen Luft des Verdronkenen Landes; einer Schänkenszene folgt eine im Escorial, und düsteres bengalisches Feuer leuchtet blau und rot um die Teufelsbraten Philipp, Carlos, Alba und Eboli; die Zartheit und heimliche Sinnlichkeit des Blumen- und Sammetbreughels ist gut zu spüren in einem und dem anderen ruhigen Bildchen zwischen Tollheit und Kriegslärm und Aberwitz, schweigsames Beieinandersitzen schildernd, Trauer, Genuß der Erinnerung, Stille; und übrigens ist jeder wundervolle Sommernachmittag darin, in dem Riedgras verlegen, in den Dünen zwischen Knocke und Gadzant, das Buch von Ruysbroeck liegt aufgeschlagen, draußen auf der See zerfließt die Vision eines weißen Segelschiffes mit gespannten Tüchern im Blau, dann die Abende beim Genever auf dem weiten ausgestorbenen Marktplatz, über den hoch oben das trocken abgehackte Geklingel des Glockenspiels wegzieht, es kommt aus dem alten Kirchturm, der wie ein umgestülpter Lederbecher braun und plump dasteht (unter ihm sind wahrscheinlich die Würfel dieses Landes gefallen), aus den bunt angestrichenen Puppenhäuschen blinkt Kupfergeschirr durch rauchiges Halbdunkel auf die Straße heraus, im Dunkeln wohnen Menschen mit uralten Gehirnen, in denen Himmel und Hölle durcheinander ist, die Menschen schweigen –.

Wohin soll man dieses Buch stellen? zum Shakespeare und Dante oder zu Dostojewsky und Hamsun? Sicherlich zu den zehn Bänden, die man bei sich haben will, wenn man nicht die ganze Bücherkiste mit sich schleppen mag. In diese gehören vielleicht die »légendes flamandes« und die »contes brabançons« hinein. Aber wie konnte das zugehen, daß man den »Ulenspiegel« erst jetzt, 40 Jahre nach seinem Erscheinen, in Deutschland (bei Diederichs) kennenlernt? Wie, daß der Dichter dieses ewigen Buches im Elend verderben mußte? Die Antwort gehört nicht her. Es wird einem heiß um die Augen, wenn man daran denkt, womit die Welt den Schenkenden belohnt. Ein armes Weib, das Gesicht vom Lupus zerfressen, war das einzige menschliche Wesen am Totenbett Charles de Costers.

Theater in China und Japan

In dem himmlischen japanischen Theater, das für den Europäer
ein Erlebnis bedeutet, wie der Orient deren nur ganz wenige zu
verschenken hat, ist Sinn und Essenz all des Schönen, Erhabenen,
Eigenen eingeschlossen, das Japan dem Fremden und seinem ein-
geborenen Volke aufbewahrt. Ein Ausruhen der Sinne, des Herzens
und des Verstandes von dem wirren Getümmel des öffentlichen
Lebens ist in den weiten, feierlichen, von einer Atmosphäre der
Andacht erfüllten Theatern Japans wohl zu erreichen. – Ehe ich aber
von diesem Erlebnis der japanischen Schaubühne spreche, muß ich
ein paar Sätze dem chinesischen Theater widmen, das ich in Canton, Schanghai und besonders in Peking besucht habe.

Chinas Theater erinnert bezwingend an das Gebilde der Shake-
spearebühne. Das Tun und Treiben der nicht auf die Szene Gehö-
renden, zwischen den agierenden Darstellern; die Gestaltung des
Schauplatzes; die Männer, die Frauenrollen spielen, usw. Das chinesische Theater ist eine Kuriosität, für uns Europäer als Kunststätte
völlig unverständlich; seine Darbietungen fast ungenießbar. Weitaus unverständlicher noch als die befremdliche, verwirrend un-
durchsichtige Rasse der Chinesen, die sich in ihrem Theater einen
Ort der Freude, der Erholung, der Pflege ihres Schönheitskults,
ihrer Kunsttradition geschaffen zu haben scheint!

Das chinesische Theater beruht und lebt zum großen Teil von Akrobatik; nicht allein des Körpers, auch der Stimme. Die weit aus-
schreitenden, ausholenden Gebärden des chinesischen Männerspie-
lers, die zarten, zimperlichen Falsettöne, Flageolettöne, die der
Männer- und der Frauendarsteller von sich gibt!!

In einem Park Pekings sah ich an einem glashellen Februartage
vier Männer bei einer sonderbaren Verrichtung. Sie hatten ihre Pel-
ze abgelegt, standen vor einem kleinen Teich, im schneidenden
Frost, und turnten. Breitbeinig dastehend, wiegten sie ihre Körper
in rhythmischen Bewegungen. Dies sah so aus: die Arme bogen sich
wie langsame Schlangen leise und zart erst nach links, hoben sich
bis zur Gesichtshöhe, schlängelten sich nieder bis zu den Knien,

ganz leise und zart, plötzlich aber schössen sie nach rechts, mit einer solch rapiden, blitzgleichen Boxerbewegung, als wollten sie einen unsichtbaren Gegner, der sich durch die zarte Langsamkeit ihrer schlangenhaft geschmeidigen Bewegung in Sicherheit lullen ließ, heimtückisch niederschlagen! Diese abwechselnd langsamen und gewalttätig schnellen Bewegungen wiederholten sich innerhalb einer Viertelstunde – so lange konnte ich im kalten Sonnenlicht den Männern frierend zusehen – in etwa zwanzig Varianten. Aber immer dieses Nacheinander von graziöser Langsamkeit und rapidem Stoß. Ich hörte von meinem Dolmetscher, daß die vier Schauspieler eines der größten Theater Pekings wären. Am Abend sah ich sie dann agieren. Es waren Akteure des Tiwutai-Theaters unten im chinesischen Stadtteil Pekings.

Und eines Morgens, außerhalb des Tores Tien-Men, begegnete ich einer Prozession von niedlichen Knaben, die mit rotgefrorenen Nasen, aber mit Fächern in den Händen, hinter einem alten Mann im Gänsemarsch rasch der Stadt zutrippelten. Es waren Theaterkinder, junge Schauspieleleven, und sie kamen von dem weit außerhalb der Stadt liegenden Himmelsaltar daher, und zwar von ihrer allmorgendlichen Stimmübung. In der Nähe des Himmelstempels nämlich befindet sich eine hohe Ziegelmauer. Vor dieser Mauer üben junge und alte Schauspieler täglich in den frühen Morgenstunden ihre Stimme: hier zwitschern, miauen, minaudieren sie in den Fisteltönen, die der Schönheitsbegriff des Chinesen, seine Auffassung von Theaterkunst von ihnen verlangt.

Warum gerade vor dieser Mauer in der Nähe des Himmelsaltars? Die einen meinen, es sei dort eine außerordentliche, ja mysteriöse Akustik wahrzunehmen, die der Stimmbildung zur Hilfe komme. Andere aber meinen, diese Übung vor der Himmelsmauer habe einen geheimen Grund in religiösen Vorstellungen.

Das chinesische Theater verfügt über eine Anzahl feststehender Typen. Sofort, wenn ein chinesischer Schauspieler die Szene betritt, verrät sein Gang, sein Kostüm, sein Kopfschmuck und die Bemalung seines Gesichtes Stand und Charakter. Die Generäle und großen Feldherren tragen hinter ihren wunderbaren bunten Brokatkostümen viele kleine bunte Fahnen auf den Rücken gesteckt, fast wie ein Pfauenrad. Haben sie auf ihrem kostbaren, schillernden Kopfschmuck noch eine riesige dünne Paradiesvogelfeder befestigt, die in breitem Bogen hinter ihnen daherwippt, so will das besagen, daß sie über ferne, barbarische, mandschurische, nördliche Heere gebieten. Wenn sie einen langen Stab mit vielen kleinen Roßhaarbüscheln in der Hand schwingen, so bedeutet dies, daß man sie sich hoch zu Roß vorzustellen hat. Pantomimisch steigen sie, diesen Stab schwingend, mit realistischen Gebärden vom Pferde ab und besteigen es dann, ebenfalls mit wunderbar realistischen Gebärden, vor den Augen der Zuschauer, denen der Stab mit den Roßschweifen als Phantasievehikel genügt. Männer mit rotbemaltem Gesicht und langen Bärten sind menschliche Wesen, die Tscheng und Tsching. Die letzteren aber können auch ein buntes, weiß, rot und schwarzes Muster über ihre Gesichter gemalt tragen – dann muß man sie als Dämonen ansprechen. Kreideweiß Geschminkte sind Intriganten. Mit einem weißen Schmetterling quer über die Nase und die Backen Bemalte sind komische Personen, Rüpel. Die Schauspieler, die Frauenrollen darstellen, haben ein herrliches Spiel mit ihren weiten Ärmeln; zierlich strecken sie ihre zarten Fingerchen, zierlich biegen sie ihren zarten Hals, schlagen die Lider sinnig über ihren Äuglein auf und nieder, quiekend kommen zimperliche Laute aus ihnen heraus, synkopierte Laute in hoher Fistel. Sitzen sie um einen Tisch herum, auf dem Tee serviert ist, so kann man sich kaum satt sehen an der Lieblichkeit ihrer Bewegungen: wie sie eine Tasse zum Munde führen, einander die Süßigkeiten reichen und so weiter.

Für uns Europäer geradezu unertragbar: die Begleitmusik. – Die Bühne ist voll von Theaterarbeitern, Besuchern, Schauspielschülern, kommenden und gehenden Personen – jeder tut, was ihm gerade beliebt, unbekümmert um das Spiel – in einer Ecke aber hocken die Musikanten, die einen ohrenbetäubenden Spektakel, ohne jede Rücksicht auf die Schauspieler, die gesprochenen oder besser gezirpten Quieklaute, auf kurzen Geigen mit drei Schafdärmen, auf Trommeln, Gongs und Trillerflöten vollführen. Selbst wenn man Chinesisch verstände, würde man kein Wort hören, so laut gebärdet sich die Begleitmusik. Zuweilen hat man vollends den Eindruck, daß die hohe schrille Fistelstimme der Schauspieler nur den Zweck hat, das höllische Gefiedel, Getrommel, Gedudel und Gonggetöse der Musikanten für Augenblicke durchzubohren. (Diese Musik ist mongolischen Ursprungs; die chinesische Tonleiter, die man ja bei uns auch aus Mahlers herrlichem »Lied der Erde« kennt, geht unseren Ohren lieblicher ein.)

Nur ein einziger, bevorzugter Schauspieler der Chinesen hat mit der Barbarei dieser »Musik«, wenigstens für die Zeit, während er auf der Bühne steht und zu sprechen hat, aufgeräumt. Es ist der weit über China hinaus berühmte Frauendarsteller Mei Lan Fang. Ein Mann, von dem es heißt, daß er der größte Schauspieler der chinesischen Bühne sei. Ich sah ihn nur in kurzen Stücken, die einen insipiden Inhalt hatten und kaum etwas anderes vorstellten, als eine halbe Stunde Gelegenheit für den kostbar gewandeten, mit unendlich zierlichen Bewegungen sich vorwärts und seitlich windenden Komödianten, zart daherzuschweben, zarte synkopierte Fistelschreie auszustoßen, verschämt errötend sein hold geschminktes Gesicht hinter dem Ärmel zu verbergen, vor einem Götteraltar, betend und auf seinen Faltenwurf bedacht, niederzusinken und sich zum Opfer zu erheben, ein Brautkleid von übertriebenem Prunk zu produzieren und ähnliches. Er hat den Höhepunkt seiner Kunst bereits überschritten, ist reif zum Export. Man wird ihn wahrscheinlich bald in Europa sehen, und er wird sicherlich eine Sensation der Päderastenmilieus der Weltstädte werden. Ich traf ihn mit seinem deutschsprechenden Sekretär: er ist ein eleganter Mann von etwa 40 Jahren; Gesicht und Gestalt klein, zierlich und knabenhaft geblieben. –

Die chinesischen Theater unterscheiden sich schon durch ihren Zuschauerraum wesentlich von den japanischen. Als ich zum erstenmal in einem chinesischen Theater saß, es war in Canton, und zwar in einem Theater, in dem merkwürdigerweise nur Frauen spielten (das chinesische traditionelle Theater kennt sonst nur Männerschauspieler, auch für die Frauenrollen, hier aber, in Canton, spielten Frauen auch die Männerrollen), da konnte ich mir in den ersten Minuten gar nicht das sonderbare Herumfliegen von weißen Möwen im Zuschauerraum erklären! Im chinesischen Theater wird gegessen, getrunken, geschwätzt; Kinder schreien, machen über die Brüstung der Logen Pipi, man besucht sich von Rang zu Rang, ruft sich durch das Theater an – und da der Chinese gewohnt ist, nach seiner Mahlzeit Gesicht, Kopf, Hände und wohl auch Brust und

Bauch mit einem dampfend heißen Handtuch zu wischen, so bedeuteten die weißen Möwen, die durch den Zuschauerraum flogen: Handtücher, die man geschickt dem herumgehenden Kellner an den Kopf nachwarf, nachdem man sie benutzt hatte. Traf solch ein Handtuch den Kellner, so wurde die Geschicklichkeit mit »Hallo« belohnt.

Gleich am ersten Abend, den ich in Tokyo verbrachte, war ich in einem Vorstadttheater am Asakusa-Park. Es war ein Theater fünften Ranges; man zahlte ganz geringes Eintrittsgeld; das Publikum bestand in der Hauptsache aus Kulis. Aber, welch ein Unterschied gegen das chinesische Theater! Ich war nach diesem ersten Abend dann, sooft ich nur konnte, in den Theatern der Städte Japans, in denen ich mich gerade befand, in kleinen, mittleren, in den ganz großen und berühmten. Überall herrschte Sauberkeit, Ruhe; absolute Konzentration der Menschen, unbedingtes Miterleben der Stücke; gedämpfte Heiterkeit, wo es sich um Possen, laute Rührung, wo es sich um traurige Vorgänge handelte. Kein Schwatzen, eher ein ausgiebiges Schneuzen – nachher lag der Boden ringsum voll von kleinen Papierfetzchen, denn das Taschentuch ist ja in Japan unbekannt, man schneuzt sich in ein kleines viereckiges Papier, das nach dem Gebrauch weggeworfen wird.

Da die Theateraufführungen, die aus sechs, sieben kurzen Einaktern (Szenen aus Tage währenden Stücken) bestehen, von nachmittags zwei bis nachts zwölf Uhr dauern und man ungern auch nur eine halbe Stunde versäumt, sind im japanischen Theater die Zwischenakte recht lang, und man verbringt sie in den weitläufigen, an die Theater anschließenden Eßhäusern und Bazaren. Im Theater selbst wird nicht gegessen, wird nicht diskutiert, herrscht Stille und Andacht. Für den Teil des Publikums, der auf europäische Weise zu sitzen gewöhnt ist, sind Bänke aufgestellt; der weitaus größere Teil des Publikums aber hockt auf einheimische Art, in den Logen und Rängen und auch im Parkett, auf dem mattenbedeckten Fußboden. Hier und da mag es indes geschehen, daß der Nachbar oder die Nachbarin in der Sesselreihe, in der man sitzt, die Holzpantoffeln ablegt und, ohne den Blick von der Bühne zu wenden, sich auf dem Sperrsitz hockend niederläßt.

Auch des japanischen Schauspielers Kunst besteht zum großen Teil aus Akrobatik. Der erste Einakter, früh am Nachmittag, ist in der Regel ein »Dammari«, eine Pantomime, die Menschen, Dämonen und Tiere in einem finsteren Wald im Kampf gegeneinander darstellt. Der Kampf im Finstern, der eine tiefere Bedeutung besitzt, als es den Anschein haben will, gibt Anlaß zu wunderbar gelenkigen und äußerst geschickten, Kühnheit und Schulung verratenden Bewegungen. Im Dammari treten sämtliche Schauspieler auf, die dann an dem langen Nachmittag und Abend in den verschiedensten Stücken beschäftigt sind. In diesen Stücken kommen zuweilen ebenfalls Tanz- und Ballettszenen vor, die sich von unseren europäischen eben durch jene Beimengung von wilder Akrobatik unterscheiden und vielleicht nur in dem russischen Ballett eine Parallelerscheinung besitzen.

Eine wunderbare Szene in jenem Asakusatheater, von dem ich eben sprach, eine Szene, die mir ewig unvergeßlich bleiben wird, zeigte an, auf welche Weise sich in dem japanischen Theater Körperübung mit Sinn verbindet. Die verführte Tochter eines hohen Kriegers will, von ihrem Liebhaber verlassen, sterbend die Glocke im Tempel noch einmal rühren. Mit einem Holzstock schlägt sie nach der Glocke, die aber hängt zu hoch, und nun sammelt der Körper all seine rasch versiegenden Kräfte, um mit dem Holz höher, als die tödliche Verwundung es zuläßt, hinaufzulangen. Es ist ein unerhörtes Schaustück, bei dem einem der Atem vergeht. Ein offenbar mittelmäßiger Schauspieler gab diese Samuraitochter, aber doch war es ein Höhepunkt der Schauspielkunst überhaupt, der hier einem erschütterten, laut und hingerissen schluchzenden Publikum, vorgeführt wurde. In einem anderen Theater, einem der größten Tokyos, das bezeichnenderweise den Namen »Schimbashi Embujo«, das heißt »Tanzplatz im Stadtteil Schimbashi«, führte, sah ich eine groteske Pantomime im Stil des Nô, in dem drei Krüppel, ein Blinder, ein Taubstummer und ein Rumpfmensch, agierten. (Nur noch im Moskauer »Habima-Theater« sah ich ähnlich Großartiges, Groteskes, im Bettlertanz des »Dybuk«.)

Die Bühne des japanischen Theaters schafft dem Schauspieler Gelegenheit genug, sich auszutoben. Sie ist eine ungeheuer breite, niedere Vertiefung, vor der in den Zwischenakten abwechselnd herrliche Vorhänge hängen. Eine breite, niedrige Bühne, die wohl unbeschränkten Raum für horizontale Bewegungen gewährt, aber nicht für die Höhe. Gruppenbildungen, vertikal und nach oben gerichtet, sind unmöglich. Sollen Engel schweben (im »Federkleid«), wirkt es unwahrscheinlich und widersinnig.

Die Drehbühne, die bekanntlich von den Japanern erfunden ist, funktioniert auf diesen breiten Bühnen hemmungslos. Der Raum der Bühne ist unerhört reich und mannigfaltig eingeteilt, wie ja überhaupt die Japaner aus dem Raum ein Bedeutungsvolles, ja man könnte sagen Heiliges, ein Idol zu gestalten verstehen! Spielt eine Szene im Innern eines Hauses in einem bestimmten Zimmer, so stellt die Bühne nicht (wie auch durch die Raumverhältnisse bestimmt in Europa) dieses Zimmer allein vor, sondern das Zimmer steht inmitten anderer Zimmer in einem Haus, dessen Vorderwand fehlt, das Haus steht in einem Garten, den ein Zaun umgibt, der Garten steht an einer Dorfstraße mit anderen Häusern, weiter hinten sieht man einen See oder einen Tempel, auf dem Dach einer Scheune wachsen Gras und Blumen, im Hintergrund geht das Volk des Dorfes seiner Beschäftigung nach, im Hause selber aber, in dem das Drama passiert, bewegt sich das Hausgesinde, von den Vorgängen in dem Zimmer bestimmt, aber doch frei und ungezwungen. Die Szenerie ist nicht einheitlich; Gewänder, Geräte, das Haus, alle Requisiten, die Bäume, der Rasen, das Strohdach sind zumeist realistisch, der Hintergrund aber stilisiert: See, Wolken, die Ferne wie einer Tafel, einem Blatt Hiroschiges nachgezeichnet. Und nun vollends der *Blumenweg*. Als schaffe die ungeheure Wahrhaftigkeit, Mannigfaltigkeit des Bühnenraumes noch nicht das volle Abbild des wirklichen Lebens, verlängert die japanische Bühne des Schauspielers Wirkungsgebiet noch bis tief in den Zuschauerraum hinein. Quer durch diesen Zuschauerraum, im rechten Winkel zur Bühne, zieht sich der erhöhte Laufpfad bis ins Vestibül hinaus. Er ist in den neuen Theatern mit Glühlichtern von unten beleuchtet. Stellt die Bühne eine Winterlandschaft dar, so liegt auf dem »Blumenweg« ein weißer Filzteppich. Über ihn kommen aus dem Vestibül, pathetisch oder im Alltagstrott, die Schauspieler langsam auf die Bühne zugeschritten. Über ihn fliehen, laufen, stürzen oft, in entgegengesetzter Richtung, die Menschen, die auf der Bühne ihr Schicksal erlebt haben, quer durch die erregten Zuschauer – wohin? Hinaus in die Welt, dem Unbekannten zu! Denn das ist der tiefe Sinn des »Blumenweges«. Auf ihm, über ihn kommt und geht das unbekannte Schicksal, naht das Verderben, das den Schauspielern auf der Bühne noch bevorsteht. Die neue Bestrebung des russischen Theaters, einen Zusammenhang zwischen der Bühne und dem Zuschauer zu konstruieren, mit dem Sinn: Tua res agitur– dort oben, das bist du! es geht um uns alle! – hier ist es naiv und sinnfällig realisiert.

Hat man das Glück, in der Nähe der Bühne und auf einem Platz in der Nähe auch des »Blumenweges« zu sitzen, so kann man das herrliche, unerhört ausdrucksvolle Mienenspiel des japanischen Schauspielers bewundern. Die Verzerrungen des japanischen Schauspielerantlitzes, die Schmerz, Wut, Tod, Kampf, von der leisen Andeutung des Ahnens bis zum gräßlichen Schielen der unterliegenden zerschmetterten Menschenseele zu versinnbildlichen verstehen, sie beginnen schon im Vestibül, eine Mitwisserschaft des Zuschauers bereitet die Steigerung der Vorgänge, die nachher auf der Bühne sich abrollen werden, auf dem »Blumenweg« vor.

Und was dann auf der Bühne in der Tat geschieht, wird erhöht durch die die Handlung begleitende Musik. Denn ohne Musik kommt auch die japanische Bühne mit ihrem unbeschreiblich tiefen Realismus nicht aus.

Links ist die Dekoration der Szene von einem Gitterwerk unterbrochen, hinter dem Trommler, Flöten- und Geigenspieler sitzen. Rechts aber, ganz auf der Seite der Bühne, sitzen auf einem erhöhten Podium, das eine kleine Bühne für sich vorstellt, zwei Sänger und zwei Samisenspieler in dunklen Gewändern. Die Sänger mit Pulten vor sich, auf denen der Text des Stückes sowie ihr eigener Gesangstext liegt. Und während auf der Bühne die Dialoge der Schauspieler sich in natürlichen Tönen abwickeln, begleiten die Samisenspieler mit leichtem, leisem, zartem Spiel, die Sänger aber mit modulierten Tönen, oft schluchzend, wenn die Handlung es erfordert, oft seufzend, wenn die Handlung es erfordert, laut oder flüsternd, pathetisch oder sentimental girrend die Vorgänge. Die Sänger, hochbegabte Mitwirkende des Schauspiels, erzählen, was auf dem Grunde der Dinge, die auf der Bühne vorgehen, eigentlich liegt. Oft sind sie erregter als die Schauspieler – sie wissen ja schon, was dort auf der Bühne vorgehen wird. Sie sind, wie der »Blumen-weg« ins Räumliche, gewissermaßen Fortsetzungen der Bühne und der Schicksale in die Ewigkeit, ins Göttliche. Die Musik des japanischen Theaters ist unserem europäischen Gefühl viel näher verwandt als die barbarischen Geräusche, der ohrenbetäubende Spektakel des chinesischen Theaters. An dieser Verwandtheit läßt sich überhaupt die engere seelische Verknüpfung Japans mit unserem Westen ermessen (die ihren Ausfluß auch im Haikara hat), während der Chinese samt seinem Schönheitsgefühl uns eine unheimliche Terra incognita bleibt. Für den Europäer, der die japanische Sprache nicht versteht, ist diese japanische Bühnenmusik, zugleich mit der wunderbaren Ausdrucksfähigkeit des japanischen Schauspielergesichtes, ein Dolmetsch zum Verständnis der szenischen Vorgänge.

Im Tokyoer Theater Itschimura, einem Vorstadttheater, das aber durch die Pracht der Ausstattung und den Geschmack des Bühnenbildes wie durch das herrliche Spiel seiner erlesenen Schauspielerschar den Rang des japanischen Theaters überhaupt bewies, habe ich es erlebt, daß das Schluchzen auf der Bühne sich mit dem Schluchzen der Sänger, der Samisenspieler auf der kleinen Seitenbühne, mit dem Schluchzen des verdeckten Orchesters hinter dem Gitterwerk und mit dem schmerzerschütterten Weinen des Publikums im riesigen Räume vermählte, ineinanderfloß. Es handelte sich um einen jungen Ritter, den eine alternde Frau, eine berühmte Dichterin der japanischen Vorzeit, rettete und der dann vor den Augen der Frau, die ihn doch liebte, mit ihrer Tochter innig umschlungen über den »Blumenweg« hinaus ins Weite ging – derweil im Hause die Frau zurückblieb, stumm, in sekundenlangem Mienenspiel das Aufgeben ihres eigenen Lebens, den Sieg des Alters über ihren noch der Liebe fähigen, die Liebe begehrenden Körper kundgab. Schon erschienen auf der Bühne vermummte schwarze Diener mit Masken über dem Gesicht, die sie »unsichtbar« machen sollten, räumten Geräte und Gegenstände weg, verschoben Kulissen, um für die nächste Szene Raum zu schaffen. Der junge Ritter mit seiner Geliebten war längst im Vestibül verschwunden, noch stand aber die Dichterin im Hause, und während ihre Augen sich langsam über den gefalteten Händen schlössen, versank das Publikum in lautes Schluchzen, erstarb der Gesang und das Samisenspiel auf der kleinen Bühne zur Seite des Bühnenvorraumes.

Ebenfalls in Tokyo, im Kabukizatheater, sah ich den besten Schauspieler des gegenwärtigen Japans: Gentaro Nakamura, in einem der Roninlegende entnommenen Stoff. Die Stoffe der Stücke auf der traditionellen Bühne Japans, auch wenn es sich um Stücke neuer Dichter handelt, sind fast ausnahmslos aus den alten Legenden der feudalen Vorzeit geschöpft. Diese Themen scheinen ihre unbeschränkte Macht über den Geschmack, den Sinn fürs dramatische Leben des Japaners zu bewahren. Das Roninschicksal! Was geht es uns Europäer an! Und doch: Gentaro über den »Blumenweg« zur Rache schreiten, mit seinem Sohn und Getreuen in den Tod gehen sehen, während auf der Bühne Frau und Mutter in Schmerz vergehend zurückbleiben, ist eine der großen Erschütterungen, die das heutige Theater auch dem Europäer vermitteln kann.

Gentaro als Ronin und nächsten Abend die »Heilige Johanna« von Shaw im Kleinen Theater der japanischen Moderne! Hier war in Wirklichkeit das Groteske, die Exotik des Erlebnisses! Shaw in Japan!! – Man könnte sagen, daß das »Haikara« hier seine Orgie feierte. Denn was an Assimilationsmöglichkeit in dem Japaner steckt, kam hier zum Vorschein. Kaum ein Volk hat eine so bodenständige, eigenwüchsige und eigenwillige Theaterkultur wie die Japaner; kaum ein Volk besinnt sich in seiner Kunst so sehr auf die Tradition, die Urkraft seines Volkstums wie das japanische. Daher muß es in der Darstellung westlicher Themen und Probleme sich natürlich am gewaltigsten verleugnen und maskieren.

Schon die Übersetzung des Shawschen Textes ins Japanische scheint auf besondere Schwierigkeiten gestoßen zu sein. Die japanische Sprache kennt eine Frauen- und Männersprache. Die Frauensprache ist gewissermaßen zarter und hat ganz andere Vokabeln für Gegenstände und Verhältnisse als die Männersprache. Der Mannweibcharakter aber der heiligen Johanna, jedenfalls der ekstatisch energische Ausdruck ihres Wesens, schien den Japanern in ihrer zart-zimperlichen Frauensprache ein Widerspruch, ein Nonsens. Philologen versicherten mich, daß die Notwendigkeit einer Vereinheitlichung der japanischen Literatursprache, besonders angesichts des Dialogs zwischen Johanna und den anderen Charakteren des Stückes, als evident und dringend erscheinen mußte. (Haikara!!)

Für den der japanischen Sprache nicht mächtigen Zuschauer boten natürlich jene Stellen des Dramas das größte Interesse, in denen das Schauspielertemperament und die Schauspielertradition der japanischen Bühne den Stil des westlichen Gedankendramas gewaltsam durchbrach, so z. B. die heftigen leidenschaftlichen Bewegungen, das weinende Hervorspringen. Herbeistürzen des Priesters, der den Anblick der auf dem Scheiterhaufen brennenden Johanna nicht mehr erträgt und von Gewissensbissen jählings gefoltert und überfallen wird. Wertvoller als das Experiment, westliche Dramatik in diese östliche Gegend der Schauspielkunst zu verpflanzen, erschien mir diese merkwürdige Szene, aus der ich blitzgleich aufschimmern sah, wie sehr der Charakter der japanischen Schauspielkunst befähigt wäre, das westliche Drama zu beleben und zu befruchten. In der Tat hat ja Moskau bereits seine Fühlhörner nach Japan ausgestreckt, um diesen Prozeß für seine eigene Bühne vorzubereiten. Und vielleicht dringt zu uns noch einmal, über Moskau her, die Botschaft und Kunde des großartigen japanischen Schauspielertums – da ja Moskau für unser Theaterwesen überhaupt den Anfang einer neuen Art, die Bühne zu gestalten, das Drama zu beflügeln und den Zuschauerraum in die Aktion zu reißen, bedeutet!

Sayonara ...

In diesen Tagen, in denen ich mich anschicke, Japan zu verlassen – es sind die ersten Tage des April –, fangen die Kirschbäume an, einen zarten Schimmer, eine leise duftige Wolke um ihre Kronen zu weben. Jetzt, zur Zeit der jungen Kirschblüte, muß ich fort! Aber schon habe ich die weißen und rötlichen Blüten der Pflaumenbäume fallen, den noch winterlichen Rasen mit zarten süßen Tönen sprenkeln sehen.

Von allen Sprachen, die ich kenne, hat die japanische die schönsten Worte, die lieblichsten, für den Begriff des Dankes und den Begriff des Abschiedes. Sie beide liegen mir auf den Lippen, während ich die letzten Stunden in diesem nur so flüchtig, ach nur so flüchtig genossenen Lande verlebe. Langsam gehe ich durch die

Straßen Kyotos, sehe die auf hölzernen Getas dahintrippelnden bunten, zarten Frauen mit ihren purpurroten Babys auf dem Rücken, bleibe vor den vielen Läden stehen und blicke noch mal auf die naive spielerische Lieblichkeit der tausend Sächelchen, die japanisches Gewerbe, wirklicher Kunst am nächsten verwandt, darbietet. Ein paar kleine Masken kaufe ich mir, aus Elfenbein, Holz, Lack, ein paar schimmernde Brokatfetzen, um sie zu Hause auf mein Sofa zu legen. Der Zauber Japans, die Lieblichkeit, die Buntheit, die Atmosphäre dieses merkwürdigen, widerspruchsvollen Landes, aufgefangen in ein paar kleinen geschnitzten Gegenständen, ein paar im Winde wehenden losen Stoffetzen ...

Arigato: dank dir! du holdes Land. Schwer wird es mir, dich zu verlassen. Die zierlichen Frauen, den verschwimmenden, wie ein Hauch sich auflösenden See Biwa, der sich hier in der Nähe, mit Tempeln, Toriis, Brücken, Büschen weithin erstreckt. Von allen widerspruchsvollen Dingen, die diese Wochen in Japan bargen, bleibt mir die Schönheit, die Anmut, die Kunst des Landes in der Seele zurück. Gern vergesse ich, was sich darunter verbirgt, das Menschliche, das Zumenschliche, das Unzulängliche, die Not der Welt.

Bunt wehen die Fahnen der engen Theaterstraßen Kyotos. Hier sind die großen Holzbaracken, in denen die leidenschaftlichen Spiele aus japanischer Vergangenheit agiert, gesungen, getanzt, mit zarten, heiligen Bewegungen zelebriert werden. Buden, in denen Märchen erzählt werden. Buden, in denen komische Kerle allerhand abenteuerliche Kunststückchen dem naiven Publikum vorführen. Die großen, soliden, prunkvollen Kinos, die eine besondere Anziehungskraft ausüben.

Aber in den kleinen Seitengassen dieser selben engen Theaterstraße stehen Tempel, in denen, mit der bei religiösen Verrichtungen üblichen Höflichkeit der Gesten, vorübergehende Männer und Frauen ihre Andacht der Gottheit bezeugen. Kerzen brennen vor Buddhastatuen. Von mächtigen Glocken hängen dicke Hanfseile herunter, die man vor dem Gebet rührt, damit die Gottheit auf die Anwesenheit des Beters aufmerksam werde. Priester beschreiben und verkaufen Zettel, die an die Zäune und Säulen des Tempels geheftet werden. Auch kleine süße Kuchen als Opfergaben.

Neben einem solchen Tempel, der von vielen Passanten der Theaterstraße aufgesucht wird, sehe ich eine kleine offene Halle stehen. Dort befindet sich auf einem beträchtlich über das Straßenniveau erhöhten Podium eine Anzahl von Steingutvasen, in denen Blütenzweige und Blumen sich befinden. Die Gläubigen, die Beter drängen sich vor dieser Schaustellung, mit andachtsvollen Mienen, stumm und ehrerbietig. Ihre Blicke schweifen von einer Vase zur anderen, von einem Blütenzweig zum anderen. Fast mit derselben Andacht schauen sie auf diese zarten Wunder des japanischen Frühlings wie auf die Götter in den Tempeln nebenan. Die Schönheit, Anmut, mit der diese Blumen, diese blühenden Zweige sich über den Rand der Vase biegen, die Kunstfertigkeit, der hohe Geschmack, der die Zweige in dieser Form und nicht anders gezüchtet, gebogen, hergerichtet, zur Schau gestellt hat, erweckt in dem andächtig Dastehenden ein Gefühl, das kaum mehr mit ästhetischem Genuß bezeichnet werden kann. Schon in Kamakura, angesichts des wunderbaren grünbronzenen Riesendaibutsu, habe ich es empfunden, als ich auf die wunderbar gruppierten und gekappten Bäume rings um das Heiligtum blickte: wie sich die Verehrung und Liebe des Japaners zu den Pflanzen mit seinem religiösen Empfinden berührt – daß in dem Charakter dieses Volkes sich eine wunderbare Einheit des Ästhetischen mit dem Religiösen vollzogen hat. Lange werde ich noch an das Nebeneinander des kleinen Tempels und der kleinen offenen Halle mit den Vasen und Blütenzweigen bei der Kyotoer Theaterstraße denken müssen.

Vielen Ländern sagte ich schon Lebewohl in meinem Wanderleben. Vor Monaten noch, als ich von Kalkutta, nach kaum zehn Wochen Indienreise, abfuhr, war es mir weh ums Herz, daß ich das Wunderland so bald verlassen mußte. Was soll ich aber nun sagen, da ich mich nach kaum fünf Wochen anschicke, dieses Land, das sich bald mit dem Duft und zarten Schimmer seiner Kirschblüte bedecken wird, zu verlassen?

Lebewohl heißt auf japanisch »Sayónara«. Welch ein wunderlich wunderbarer Klang, wehend, verwehend wie ein schmales, weißes, von lieblicher Frauenhand leise geschwungenes Seidentuch.

Sayónara, du schönes Land ...
Sayónara!

Volksfilm und Volksbühne

Unter manchen anderen Verpflichtungen, die die Berliner Volksbühne in den letzten Jahren unerfüllt gelassen hat, ist diese: eine
Volksfilmbühne zu schaffen und ein Volksfilmbühnenpublikum zu
organisieren. Da aber die Berliner Volksbühne abseits von den Wegen ihrer eigenen ruhmvollen Tradition, man weiß ja, mit welcher
Konsequenz, marschiert, scheint das, was das Volk so allgemein in
den Berliner und den Kinos des Reichs zu sehen bekommt, dem
Volksbühnenpublikum gerade gut genug. In den Kinos des Ostens
und Nordens kann dieses Publikum zudem recht wohlfeile Plätze
finden, somit fällt also die Notwendigkeit, daß die Volksbühne
selbst sich der Kinoproduktion oder der Organisation der Kinodar-
bietungen fürs Volk widme, augenscheinlich fort! Immerhin gab es
vor Jahren innerhalb des künstlerischen Ausschusses der Volksbühne, sogar innerhalb ihrer Verwaltung, Besprechungen, die darauf abzielten, dem Machtbereich der Volksbühne auch die Sorge
um ein volkstümliches Kino, das eine Kulturaufgabe erfüllt hätte,
anzugliedern; ja es kam sogar gelegentlich zu gemeinsamen Bera-
tungen mit den Vertretern der Gewerkschaften und der Bildungs-
ausschüsse der SPD.

Bald aber versank alles in dem bewußten lethargischen Schlaf, an
dem dieser einst so lebendige und Leben verheißende Organismus
seit geraumer Zeit erkrankt ist.

Da die Volksbühne in drei Häusern Stücke serienweise spielt, daher ein großes ständiges Personal ohne Mühe für Filmaufnahmen
verwenden kann, da sie außerdem über ausgezeichnete Werkstätten
und einen Fundus von ungewöhnlicher Reichhaltigkeit verfügt,
wären ja die wesentlichsten Hindernisse überwunden gewesen, die
sich der Einbeziehung des Films in das Aktionsbereich der Volksbühne entgegengestellt hätten. Bei der Unwilligkeit der Leitung,
neue Dinge zu wagen, ist es aber mehr als verständlich, daß die
Aussicht, ein Kinounternehmen könnte, zumal in der ersten Zeit
seines Bestehens, Mühe und sogar Verluste verursachen, herrliche
Ausreden liefert. Damit scheidet also vorläufig die nächste Chance
aus, eine Volksfilmbühne mit der Hilfe und aus dem Wesen der
dazu zunächst geeigneten Organisation zu schaffen. Doch könnte ja

diese Chance eines Tages, wenn sich die Verhältnisse und Machtproportionen der Volksbühne verschöben oder veränderten, wieder an Aktualität gewinnen.

Vorerst wird man indes gut tun, diese Möglichkeiten auszuschalten und zuzusehen, wie dem Übel der augenblicklichen deutschen Filmproduktion und der damit besonders in letzter Zeit verbundenen offensichtlichen Korruption Einhalt geboten werden könnte.

Wir haben erkennen gelernt, daß die herrschende Klasse die größte Möglichkeit hat und ausnutzt, Propaganda für ihre Tendenzen durch den Film zu treiben. Die verschiedenen, in jüngster Zeit aufgedeckten Geldadern, die die Mühle der reaktionären Filmproduktion treiben, sind Beweis. Der Potemkin-Film hingegen schien, an dem entgegengesetzten Flügel des politischen Horizontes, Beweis für ähnliche Absichten zu liefern. Dieser Beweis aber ist lange nicht mehr stichhaltig. Um nur ein Beispiel zu nennen: der unter einem elend irreführenden »verführerischen«, Pornographie verheißenden Titel (»Bett und Sopha«) aufgeführte, wunderbar tragische und menschlich reine Russenfilm behilft sich ohne Odessa und die Rote Flotte mit einer einzigen, mit primitivsten Mitteln hergestellten Stube. Die unnachahmliche Gesinnung und der Takt der Regisseure und Spieler hat, in der Atmosphäre der Befreiung, die alles in Rußland berührt, ein Werk geschaffen, wie das heutige Kino deren nur wenige besitzt. Fast in allen Fragen des geistigen und sozialen Gebietes können wozu den Russen in die Lehre gehen. Wie enge der Film aber mit dem Leben zusammenhängt, das wir führen und das das Volk angeht, wird erst durch die Russen ganz offenbar.

Zu einem Volksfilm gehören unverdorbene, unkorrumpierbare, unabhängige Menschen, von den ökonomischen Faktoren an, die das Atelier bauen, über die Autoren, Regisseure und Schauspieler, die sich der Sache und nicht ihrer persönlichen Eitelkeit oder Geldgier widmen, bis zu den Beurteilern der fertigen Produktion. Schwer wird es sein, das in seinen Ansprüchen schwankende, verbildete, in seinen Anschauungen irrende Publikum in eine Filmbesserungsanstalt zu führen.

Da es sich nicht um die dreimal raffinierten Snobs handelt, die Nuancen wahrzunehmen verstehen, sondern um das Volk, dessen

Instinkt auf den Kern der es angehenden, sein eigenstes Dasein, seine persönlichste Angelegenheit betreffenden Darbietungen gelenkt werden soll – müßte ein Fabelwesen von einem Filmproduzenten gefunden werden, das alle Qualitäten der Gesinnung, der Technik und des Erfolges mit sozialem Verantwortungsgefühl und Kulturwillen in sich vereinte. Diesem Fabelwesen wäre dann Vollmacht über die Volksfilmproduktion zu erteilen, und zugleich müßte dieses Fabelwesen aber auch tüchtig kontrolliert werden!

Für Egon Erwin Kisch zum 50. Geburtstag

Lieber Kisch, Du weißt, was ich von Geburtstagen halte. Erinnerst Du Dich noch? Vor etwa sechs Jahren hast Du mir vorgeworfen, daß ich meinen sechzigsten nicht mit Euch Jüngeren in Berlin gefeiert habe, daß ich an diesem Tage irgendwo in Amerika verschollen gewesen bin. Genau gesagt, saß ich an diesem Tag vom Morgen bis Abend im Sterbehaus unseres Großvaters Walt Whitman in Camden vor Philadelphia. Jetzt kommt nun der Brief der »Internationalen Literatur« gerade in dem Augenblick, in dem ich in einer Zeitung lese, daß Du Dir in Australien den Fußknöchel gebrochen hast, als Du vom Schiff an Land gesprungen bist. Beileid! Mir ist einmal Aehnliches passiert (zwar nicht in so schmerzhafter Form, aber immerhin). Als ich nämlich im Sommer 1911 in Hoboken zum erstenmal den Fuß auf den nordamerikanischen Kontinent setzte. Ich war damals, 1911, um acht Jahre jünger, als Du heute bist. Aber als ich mein Buch: »Amerika heute und morgen« geschrieben und veröffentlicht hatte, da sagte mir Frank Wedekind, mit einem Seitenblick auf einen anrüchigen Berliner Journalisten, halblaut: »Siehst Du, der ist jetzt Dein Kollege!!«

Welches Mißverständnis! Es ist heute noch keineswegs behoben! Immerhin war dieses Buch, soviel ich weiß, das erste in deutscher Sprache geschriebene, das eine Reise vom sozialistischen Standpunkt geschildert hat. Ich sage das, nicht, um mich dessen zu rühmen, sondern weil es mir scheint, daß diese Tatsache gegenwärtig ein bißchen in Vergessenheit geraten ist. Meine Vorfahren waren damals unser Freund Upton Sinclair, dann der wunderbare Johannes V. Jensen, der wiederum von Kipling herkam, dieser aber von Swift, der von Marco Polo und so weiter. – Jack London kannte man damals noch nicht. Reed aber war ein Knabe. An alldies erinnert man sich. An alldies erinnert mich Dein Leben, Kisch, das Du prachtvoll gelebt hast ...

Heile Deinen gebrochenen Knöchel aus, Kisch, schone ihn sodann nicht, gebrauche ihn, wie den heil gebliebenen. Es lohnt sich. Und werde recht alt, ohne die bösen Erfahrungen zu machen, die im Menschendschungel einen aufmerksamen Forschungsreisenden erwarten, der sich während seines Daseins unter seinesgleichen in allen verfügbaren Kontinenten Augen und Sinne geschärft und dabei seine Energie auf dem Fleck bewahrt hat, wo sie hingehört!

Alles Beste! Dein
Arthur Holitscher

 tredition®

Über tredition

Eigenes Buch veröffentlichen

tredition wurde 2006 in Hamburg gegründet und hat seither mehrere tausend Buchtitel veröffentlicht. Autoren veröffentlichen in wenigen leichten Schritten gedruckte Bücher, e-Books und audio-Books. tredition hat das Ziel, die beste und fairste Veröffentlichungsmöglichkeit für Autoren zu bieten.

tredition wurde mit der Erkenntnis gegründet, dass nur etwa jedes 200. bei Verlagen eingereichte Manuskript veröffentlicht wird. Dabei hat jedes Buch seinen Markt, also seine Leser. tredition sorgt dafür, dass für jedes Buch die Leserschaft auch erreicht wird.

Im einzigartigen Literatur-Netzwerk von tredition bieten zahlreiche Literatur-Partner (das sind Lektoren, Übersetzer, Hörbuchsprecher und Illustratoren) ihre Dienstleistung an, um Manuskripte zu verbessern oder die Vielfalt zu erhöhen. Autoren vereinbaren direkt mit den Literatur-Partnern die Konditionen ihrer Zusammenarbeit und partizipieren gemeinsam am Erfolg des Buches.

Das gesamte Verlagsprogramm von tredition ist bei allen stationären Buchhandlungen und Online-Buchhändlern wie z. B. Amazon erhältlich. e-Books stehen bei den führenden Online-Portalen (z. B. iBookstore von Apple oder Kindle von Amazon) zum Verkauf.

Einfach leicht ein Buch veröffentlichen: **www.tredition.de**

Eigene Buchreihe oder eigenen Verlag gründen

Seit 2009 bietet tredition sein Verlagskonzept auch als sogenanntes "White-Label" an. Das bedeutet, dass andere Unternehmen, Institutionen und Personen risikofrei und unkompliziert selbst zum Herausgeber von Büchern und Buchreihen unter eigener Marke werden können. tredition übernimmt dabei das komplette Herstellungs- und Distributionsrisiko.

Zahlreiche Zeitschriften-, Zeitungs- und Buchverlage, Universitäten, Forschungseinrichtungen u.v.m. nutzen diese Dienstleistung von tredition, um unter eigener Marke ohne Risiko Bücher zu verlegen.

Alle Informationen im Internet: **www.tredition.de/fuer-verlage**

tredition wurde mit mehreren Innovationspreisen ausgezeichnet, u. a. mit dem Webfuture Award und dem Innovationspreis der Buch Digitale.

tredition ist Mitglied im Börsenverein des Deutschen Buchhandels.

Dieses Werk elektronisch lesen

Dieses Werk ist Teil der Gutenberg-DE Edition DVD. Diese enthält das komplette Archiv des Projekt Gutenberg-DE. Die DVD ist im Internet erhältlich auf **http://gutenbergshop.abc.de**

Zeitfracht Medien GmbH
Ferdinand-Jühlke-Straße 7
99095 Erfurt, Deutschland
produktsicherheit@kolibri360.de